Jörg Ramseger · Jens Hoffsommer (Hrsg.)

ponte. Kindergärten und Grundschulen auf neuen Wegen

ponte

Kindergärten und Grundschulen auf neuen Wegen

deutsche kinder- und jugendstiftung und Internationale Akademie für innovative Pädagogik, Psychologie und Ökonomie an der FU Berlin

Jörg Ramseger · Jens Hoffsommer (Hrsg.)

ponte.
Kindergärten und Grundschulen auf neuen Wegen

Erfahrungen und Ergebnisse aus einem Entwicklungsprogramm

unter Mitarbeit von
Andrea Friedrich, Ludger Pesch,
Sandra Piper und Christa Preissing

verlag das netz
Weimar · Berlin

Deutsche Kinder- und Jugendstiftung gGmbH, Tempelhofer Ufer 11, 10963 Berlin

Internationale Akademie für innovative Pädagogik, Psychologie und Ökonomie an der Freien Universität Berlin – INA gGmbH, Königin-Luise-Str. 29, 14195 Berlin

Herausgeber: Jörg Ramseger und Jens Hoffsommer

Redaktionelle Mitarbeit: Andrea Friedrich, Jens Hoffsommer, Ludger Pesch, Sandra Piper, Christa Preissing

Autoren/Autorinnen: Gerald Blaschke, Iris Feller, Regine Förster, Marta Freire, Andrea Friedrich, Alexander Funk, Anke Hausmann, Beate Herzog, Frauke Hildebrandt, Jens Hoffsommer, Michael-Sebastian Honig, Andrea Klatt, Bianca Kreid, Barbara Leitner, Kerstin Maschke, Iris Nentwig-Gesemann, Jörg Nicht, Ludger Pesch, Sandra Piper, Christa Preissing, Jörg Ramseger

Mit freundlicher Unterstützung von:
Deutsche Bank Stiftung, Nikolaus Koch Stiftung, Stiftung Lausitzer Braunkohle, Ministerium für Bildung, Jugend und Sport des Landes Brandenburg, Senatsverwaltung für Bildung, Wissenschaft und Forschung Berlin, Sächsisches Staatsministerium für Soziales – Landesjugendamt

ISBN 978-3-86892-004-8

Fotos: Piero Chiussi: S. 8, 12, 21, 33, 54, 66, 78, 85, 86, 106, 108, 112, 116, 122, 127, 134, 144; Anke Hausmann: S. 58, 59, 60, 61, 65; Claudia Hofer: S. 29; Melanie Jakobs: S. 28; Sabrina Tergwews und Kerstin Jager: S. 23, 24, 52;

Gestaltung: Jens Klennert, Tania Miguez
Druck und Bindung: Colordruck, Zwickau
Printed in Germany
Weitere Informationen finden Sie unter www.verlagdasnetz.de

Inhaltsverzeichnis

Vorwort

Liebe Leserin, lieber Leser,

frühkindliche Bildung ist in aller Munde. Im Bund und in den Ländern wird vieles dafür getan, die Bildungsqualität von Kindergärten und Grundschulen zu verbessern. Inzwischen wissen wir: Kinder profitieren in ihrer sozialen und kognitiven Entwicklung, wenn sie in qualitativ hochwertigen Einrichtungen gefördert werden.

Aber was bedeutet eine hohe Qualität von Einrichtungen? Die Qualität hängt in erster Linie von den pädagogischen Prozessen innerhalb einer Einrichtung ab. Kinder bedürfen einer liebevollen und anregenden Umgebung, die sie ermutigt und herausfordert, selber handelnd Erfahrungen in den verschiedensten Bildungsbereichen zu machen.

Von zentraler Bedeutung für die Bildungsqualität ist es, wie der Übergang gelingt, damit die Bildungs- und Lernprozesse der Kinder langfristig gesichert und unterstützt werden. Die »Anschlussfähigkeit von Bildungsprozessen« ist hier das Schlüsselwort. Pädagogische Qualität beinhaltet daher auch die gelingende Kooperation von Kindergarten und Grundschule, die inzwischen in allen Bildungs- und Rahmenplänen der Länder festgeschrieben ist.

Wissenschaft und Politik haben erkannt, wie wichtig es ist, Kindern anschlussfähige Bildungs- und Lernprozesse zu ermöglichen. Dafür ist es notwendig, dass Kindergärten und Grundschulen ein aufeinander abgestimmtes Bildungs- und Erziehungsverständnis entwickeln und dass sie feste Kooperationsstrukturen aufbauen.

Mit dem Programm »ponte. Kindergärten und Grundschulen auf neuen Wegen« wurde ein Unterstützungsansatz entwickelt und umgesetzt, der Pädagoginnen und Pädagogen hilft, die Forderung nach Kooperation in der Praxis umzusetzen und die pädagogische Qualität in ihren Einrichtungen zu verbessern.

ponte. Kindergärten und Grundschulen auf neuen Wegen, das gemeinsame Entwicklungs- und Forschungsprogramm der Deutschen Kinder- und Jugendstiftung, der Internationalen Akademie für innovative Pädagogik, Psychologie und Ökonomie an der Freien Universität Berlin und der Deutsche Bank Stiftung endet 2008 nach vier Jahren. Insgesamt 74 Kindergärten und Grundschulen aus den Ländern Brandenburg, Berlin, Sachsen und Rheinland-Pfalz sind Kooperationen eingegangen und haben den Kontakt zwischen Erzieherinnen und Grundschullehrerinnen mithilfe von ponte institutionalisiert. Zwischen beiden Berufsgruppen haben in den Lerntandems von Kindergärten und Grundschulen intensive Gespräche über Bildungs- und Erziehungsvorstellungen der jeweiligen Institution stattgefunden, die dazu beigetragen haben, dass Erzieherinnen und Lehrerinnen nun regelmäßig gemeinsame Projekte mit den Kindern durchführen. »Die gemeinsame Bildungsarbeit und Kooperation wird weitergehen, auch nach Ende des Programms«, so haben die Erzieherinnen und Lehrerinnen versichert.

Die Herausgeber nehmen die erfolgreiche Programmumsetzung zum Anlass, die Entwicklungen und Ergebnisse von ponte in dem hier vorliegenden Buch zusammenzufassen. Verschiedene Programmakteure wie Moderatorinnen und Moderatoren, Pädagoginnen und Pädagogen sowie Eltern kommen zu Wort und reflektieren ihre Erfahrungen. Die wissenschaftliche Begleitung verortet das Programm im Fachdiskurs. Einen Blick von außen auf ponte leistet die externe Evaluation in einem Beitrag über die Wirkungsweise und die durch ponte in der Praxis ausgelösten Veränderungen. Das gesammelte Fachwissen aus dem Programm ponte steht nun Pädagoginnen und Pädagogen, Trägern von Schulen und Kindertagesstätten, Ministern und Regierungen, Wissenschaft und der pädagogisch interessierten Öffentlichkeit zur Verfügung.

Unser besonderer Dank gilt der Deutsche Bank Stiftung, die das Programm ponte über die gesamte Laufzeit maßgeblich finanziert hat, aber auch den Bildungsadministrationen der beteiligten Bundesländer und Förderern aus der Wirtschaft und weiteren Partnerstiftungen. Ohne sie hätte ponte nicht realisiert und das reichhaltige Wissen über die Zusammenarbeit von Kindergarten und Grundschule nicht eruiert werden können!

Dr. Heike Kahl
Geschäftsführerin Deutsche Kinder- und Jugendstiftung

Dr. Christa Preissing
Vizepräsidentin Internationale Akademie für innovative Pädagogik, Psychologie und Ökonomie an der Freien Universität Berlin – INA gGmbH

Finken
404

Vom Kindergarten in die Grundschule: Erzieherinnen und Lehrerinnen arbeiten zusammen

Einleitung

Ludger Pesch

Absicht des Programms ponte ist es, Kindergärten und Grundschulen dabei zu unterstützen, sich selbst zu hervorragenden Bildungseinrichtungen für Kinder weiterzuentwickeln. Methodischer Kern von ponte ist dabei die moderierte Zusammenarbeit von Kindergarten und Grundschule. Es geht darum, den Dialog zwischen Pädagoginnen und Pädagogen[1] von Institutionen zu verstärken oder überhaupt erst zu initiieren, die zwar örtlich benachbart sind und dieselbe Klientel haben, sich in ihren Traditionen und in ihrem Selbstverständnis aber bisweilen stark unterscheiden. Es gehört zu den Prämissen von ponte, dass die Unterschiedlichkeit der Bildungsansätze überholt und die Zufälligkeit der Zusammenarbeit aus pädagogischer Sicht unsinnig ist.

Gemeinsamer Fokus dieses ersten Kapitels sind Anlässe und Formen der Zusammenarbeit von Pädagoginnen und Pädagogen aus den beiden Institutionen und die Funktion der beteiligten Moderatorinnen, die die Zusammenarbeit der Tandems initiierten, strukturierten und begleiteten. Gelegentlich erlauben die folgenden Berichte auch Ein- und Ausblicke auf die Folgen dieser Kooperationen, die ja im erfolgreichen Fall gemeinsame Projekte, Veranstaltungen oder andere Produkte erbrachten. Obgleich nicht losgelöst von den »Inhalten«, stehen jedoch die prozessualen Aspekte im Vordergrund dieses Kapitels.

Rückblickend betrachtet, kann es gar nicht anders sein: Von Reforminseln abgesehen, gingen Jugendhilfe und Schule seit Jahrhunderten getrennte Wege – und das schließt die Praxis des »einheitlichen sozialistischen Bildungssystems« in der DDR ausdrücklich ein, obwohl es hier programmatische und strukturelle Verknüpfungen gab. »Wir wussten eigentlich wenig voneinander« – diese und ähnliche Aussagen ziehen sich als Ausgangsbefunde durch viele Texte dieses Kapitels. Im Programm ponte mussten deshalb erst einmal Brücken gebaut werden, die Orts- und Perspektivenwechsel als Vorbedingung von Kooperation ermöglichten, welche wiederum Bedingung für die Entwicklung kontinuierlicher Bildungsprozesse ist. Die dafür nötige Zeitdauer war an den unterschiedlichen Programmstandorten je nach Programmeintritt unterschiedlich gegeben. Die Texte machen deshalb auch deutlich, dass sie über »work in progress« berichten. Gleichzeitig liegt hierin

1 Mit »Pädagoginnen und Pädagogen« bezeichnen wir in diesem Buch die Gesamtheit der Erzieherinnen und Erzieher, Lehrerinnen und Lehrer und das sonstige pädagogische Personal, das in den ponte-Einrichtungen tätig ist. Wenn wir – um der besseren Lesbarkeit willen – bisweilen nur von den »Erzieherinnen«, den »Lehrerinnen«, »Moderatorinnen« etc. sprechen, sind damit die männlichen Vertreter der jeweiligen Profession natürlich immer mit gemeint. Umgekehrt sind immer auch die Mädchen mit gemeint, wenn wir hin und wieder nur von »den Schülern« sprechen.

eine eigene Begründung für die Entwicklung von belastbaren Kooperationsbeziehungen: Sie weisen über die Programmdauer hinaus und lassen berechtigt hoffen, dass der gestiftete Kontakt weiterhin trägt.

Der Beitrag »Brücken bauen« von Regine Förster schildert den schrittweisen Aufbau der Zusammenarbeit zwischen einer Kindertagesstätte und einer Grundschule im sächsischen Kulkwitz. Von bisher einander »unbekannten Welten« sprechen die Beteiligten und davon, in welch unterschiedlicher Weise sich die Einrichtungen in den letzten Jahren entwickelt haben. Der Beitrag beschreibt, wie diese Fremdheit ausgehalten wurde und wie das entstandene Vertrauen zu Projekten führte, die anschlussfähige Aspekte wie die vermehrte Mitgestaltung der Kinder im Institutionenalltag etablierten.

Aus der Region Trier berichtet Alexander Funk. In dieser jüngsten Programmregion hatten die Tandems nur wenig mehr als ein Kindergarten- bzw. Schuljahr lang Zeit, ihre Kooperation im ponte-Zusammenhang zu entwickeln. Sowohl in Trier wie auch in Schweich fiel den Beteiligten auf, wie wertvoll die Vermittlung durch Schüler ist; peer-to-peer-Situationen bilden in den Vorhaben beider Tandems den Dreh- und Angelpunkt. Manches lernen Kinder am besten von Kindern.

Der Übergang vom Kindergarten in die Grundschule ist nicht nur ein Thema für Kinder, sondern in starkem Maße auch ein Thema vieler Eltern. Am Beispiel eines Berliner Tandems zeigt Andrea Klatt in einem Interview mit einer beteiligten Mutter, dass »auch Eltern profitieren« können von der Zusammenarbeit von Kindergarten und Grundschule. Hier zeigt sich, dass eine professionelle Kooperation der Institutionen Vertrauen schaffen kann in ihre Kindfähigkeit: ein Kriterium, das aus Sicht der Eltern hohe Bedeutung hat.

Die Arbeit der Tandems im Programm ponte wird durch die Moderatorinnen und Moderatoren initiiert und begleitet. Sie kommen deshalb in zwei weiteren Beiträgen zu Wort. Sandra Piper interviewt in ihrem Beitrag »Brücken bauen« vier Moderatorinnen aus allen beteiligten Programmregionen zu ihrem Selbstverständnis, ihrem Arbeitsansatz und ihren Erfahrungen im Programmablauf. Der Beitrag macht deutlich, wie vielschichtig eine solche moderierende Begleitung und wie wichtig eine Balancierung der unterschiedlichen Rollenanforderungen ist.

Dieser Rollen- und Systemdiversität geht Bianca Kreid, selbst Moderatorin in der Programmregion Trier, in ihrem Beitrag »Moderation – eine Methode zur Begleitung von Kooperationsprozessen« nach. An der Schnittstelle unterschiedlicher pädagogischer Institutionen hat sich nach ihrer Beobachtung eine Moderation bewährt, die Handlungsmöglichkeiten sowohl auf der personalen, der fachlichen wie der strukturellen Ebene besitzt.

Der Beitrag »Gescheiterte oder gefährdete Kooperationen« von Ludger Pesch trägt der Erfahrung Rechnung, dass nicht an allen Orten oder zu allen Zeiten die Zusammenarbeit in ponte-Tandems von Erfolg gekrönt war. Die bestehenden Widersprüche führten bisweilen zum Abbruch der Kooperation oder bis an deren Rand. Der Autor versucht, Misslingensbedingungen zu identifizieren, die im Umkehrschluss die Formulierung von Gelingensbedingungen erlauben.

Brücken bauen
Kindergarten und Grundschule finden Wege zur Kooperation

Regine Förster

»Es ist besser Brücken zu bauen, statt Mauern« –
Afrikanisches Sprichwort der Swahili.

Die Ausgangssituation

Die beiden Ufer sind eigentlich nicht weit voneinander entfernt. Ein halber Kilometer liegt zwischen der Kindertagesstätte und der Grundschule in Kulkwitz in Sachsen. Und doch war es gar nicht so einfach diese Entfernung zu überbrücken. Wenn die Kinder auf den Weg vom Kindergarten in die Grundschule geschickt wurden, gingen sie in eine ihnen fremde, unbekannte Welt. Die meisten waren gespannt und wissbegierig, freuten sich auf Neues. Aber da mischten sich auch Ängste und Bedenken ein, nicht nur bei den Kindern, auch bei ihren Eltern. Dieser Satz »Warte nur, wenn du erst in die Schule kommst, dann...« wurde zwar kaum noch ausgesprochen, aber er spukte in ihren Köpfen.

Die Erzieherinnen und Lehrerinnen liefen sich hin und wieder über den Weg, rein zufällig. Sie grüßten sich freundlich und gingen weiter, jede in ihre Richtung. Die Erzieherinnen kamen mit ihren Kindergartenkindern zwar manchmal in die Turnhalle der Grundschule, um diese zu nutzen, aber auch dann trafen sie kaum auf Lehrerinnen oder Schülerinnen und Schüler. Ihre Begegnungen blieben sporadisch. Der Übergang vom Kindergarten in die Grundschule wurde nicht bewusst gestaltet, scheinbar hatten die beiden Welten nichts miteinander zu tun.

Das änderte sich als, die Kulkwitzer Grundschule sich daran machte, eine Ganztagsschule zu werden und im Hort der Schule nachmittags vielfältige Angebote stattfinden sollten. Dafür wurden zusätzliche Erzieherinnen gebraucht. Die fanden sich in der Kindertagesstätte. Seit November 2005 leitete Astrid Buffi den Hort und auch die Kindertagesstätte. Die junge Sozialpädagogin war also für die Kindergartenkinder und für die Grundschüler verantwortlich. Beides musste plötzlich zusammen gedacht werden.

Und noch etwas war neu. Für den Kindergarten wurde 2005 ein neuer Bildungsplan eingeführt. Astrid Buffi stand vor vielen neuen Anforderungen. Sie suchte bewusst Hilfe von außen, wollte wissenschaftliche Begleitung, Anregung, Weiterbildung für die Kolleginnen. Das Programm ponte kam da gerade recht. Denn ihr war bewusst: »Wer einen kontinuierlichen Bildungsverlauf für die Kinder in Gang setzen will, muss beide Einrichtungen im Auge haben – den Kindergarten und die Schule.«

Die Schulleiterin Gabriele Schmidt zeigte sich offen für eine Zusammenarbeit. Ihr war klar, dass ein neues Curriculum im Kindergarten auch Auswirkungen auf die Grundschule haben würde und sie wollte die »Neue«, die viel jüngere Kollegin vom Kindergarten besser kennen lernen.

Bei den Kolleginnen in Kindergarten und Schule, im Alter von Mitte 30 bis Mitte 50, herrschte dagegen zunächst Skepsis. Da war zu hören: »Das haben wir doch schon immer gemacht.« Die Erzieherinnen dachten dabei an ihre Bemühungen, die Kinder »schulfähig« zu entlassen, und die Lehrerinnen an die »Tests«, die sie bereits im Kindergarten mit den Vorschulkindern durchführten.

Besonders die älteren Kolleginnen – in der Grundschule gibt es davon mehr als im Kindergarten – spürten aber auch, dass manches, was sie einst in ihrer Ausbildung gelernt hatten, heute so einfach nicht mehr funktioniert. Denn es kann doch nicht darum gehen, die Kinder schulfähig zu machen, sondern sowohl Kindergarten wie auch die Schule dem Kind gemäß zu gestalten. Ein völlig neuer Denkansatz. Erzieherin Anja Buuk wollte mehr darüber erfahren, wie eine zeitgemäße Vorschulerziehung aussieht und wie aus der Theorie gute Praxis werden kann – sagte sie. Und Lehrerin Sabine Rutte arbeitete schon immer gern in der ersten Klasse, sie hat erlebt, wie schwer manchen Kindern nach ein paar euphorischen Tagen der Einstieg in den Schulalltag fällt. Allen ging es schließlich um die Kinder. So wollte sich letztendlich keiner verschließen und das Programm ponte konnte beginnen.

Die erste Begegnung

»Oh, die erste Begegnung war schrecklich«, meint ganz spontan Erzieherin Anja Buuk. Sie beschleicht immer noch ein ganz unangenehmes Gefühl, wenn sie an die erste Zusammenkunft von Grundschullehrerinnen und Erzieherinnen zurück denkt. Eine der Lehrerinnen kannte sie bereits etwas. Sie war einmal in ihrer Vorschulkindergruppe gewesen und hatte die Kinder getestet. Anja Buuk meint, das sei für die Kinder sicher keine unangenehme Situation gewesen, da die Lehrerin ein mütterlicher, einfühlsamer und warmherziger Typ sei. Die Kinder mussten Takte klatschen, auf einem Bein stehen, ein Bild ausschneiden. Doch Erzieherin Buuk fühlte sich dabei sehr unwohl, sie wusste nicht, was eigentlich gefordert war, was von ihren Kindern verlangt wurde. Und immer spürte sie einen stummen Vorwurf, wenn eines der Kinder wieder eine Aufgabe nicht zur vollen Zufriedenheit der Lehrerin bewältigte.

Auch den Eltern gegenüber wurde sehr unterschiedlich argumentiert. Die Erzieherin bemühte sich um jedes einzelne Kind, versuchte an seine Stärken anzuknüpfen und behutsam zu fördern. Sie beruhigte die Eltern, wenn etwas noch nicht so gut klappte, und sprach von der ganz persönlichen Entwicklungszeit, die jedes Kind brauche. Von der Lehrerin war immer wieder zu hören: »Das und das müsste es aber für die Schule mitbringen…« Darüber gesprochen hatten die beiden Pädagoginnen damals nicht. Und nun saßen sie plötzlich an einem Tisch.

Auch Lehrerin Sabine Rutte erinnert sich daran, wie schwierig es war, ins Gespräch zu kommen. Man wusste viel zu wenig voneinander, meint sie. Der neue Bildungsplan im Kindergarten war für die Lehrerinnen ein Buch mit sieben Siegeln. Die Erzieherinnen hatten sich noch nie oder vor Jahren mit dem Lehrplan der ersten Klassen befasst, wussten wenig von der neuen, flexibleren Schuleingangsphase. So standen viele Vorurteile im Raum. »Die nehmen uns doch gar nicht ernst«, dachten die Erzieherinnen. »Die wissen doch gar nicht, was in der Schule so gefordert wird von den Kindern«, vermuteten die Lehrerinnen.

Schulleiterin Gabriele Schmidt wollte möglichst schnell ganz konkrete Ergebnisse sehen. Mit großer Ungeduld drängte sie auf eine Kooperationsvereinbarung. Erst allmählich wurde klar, dass das alles nicht so schnell gehen würde. Annäherung braucht Zeit. Es wurde eine harte Arbeit gemeinsame Ziele zu formulieren. Denn allen wurde bewusst, es geht um grundsätzliche pädagogische Fragen, um ihr Bild vom Kind, ihre Rolle als Erzieherin und Lehrerin.

Annäherung – Möglichkeiten und Grenzen

»Ja, wir haben eine neutrale Moderatorin gebraucht«, sagen heute alle übereinstimmend. Sie erzählen von kleinen Spielen, die zunächst allen lächerlich erschienen, aber die Vertrauen schafften, allein dadurch, dass man gemeinsam lachte. So wuchs eine Basis, die Partnerschaft möglich machte. Und durch die Moderation wurde es möglich, Kritik zu äußern, offen zu reden, auch über Vorurteile und Missverständnisse. Denn ihre Zusammenkünfte, die alle vier bis sechs Wochen, mal in der Kindertagesstätte, mal in der Grundschule stattfanden, waren keine Kaffeekränzchen.

Als außerordentlich bereichernd sehen alle die gemeinsamen Weiterbildungen an. Neueste Forschungsergebnisse aus der Hirnforschung halfen zum Beispiel allen zu begreifen, wie Kinder sich die Welt aneignen. Schulleiterin Gabriele Schmidt spricht von richtigen AHA-Erlebnissen. Da sei ihr vieles erst bewusst geworden, meint sie. Immer wieder müsse man sich verdeutlichen: Kinder müssen selbst aktiv werden, um zu lernen. Wir müssen diese Selbstaneignungsprozesse organisieren. Nicht wir – die Lehrerinnen und Erzieherinnen – sind diejenigen, die ihnen etwas beibringen, sondern sie selbst müssen in die Lage versetzt werden, ihren eigenen Bildungsprozesses zu gestalten.

In der Grundschule in Kulkwitz gibt es viele Ansätze in dieser Richtung. Bei allen Kollegen herrscht viel Aufgeschlossenheit gegenüber neuen Methoden. So werden ein- bis zweimal im Jahr Projektwochen durchgeführt. Dreimal im Jahr – zu Ostern, im Herbst und zu Weihnachten – sind Phasen des Werkstattlernens eingeplant.

Und dennoch überwiegt im Schulalltag noch der frontale Unterricht. Und das heißt für die Kinder: vier Stunden am Tag stillsitzen und meist zuhören, eine freie Wahl, womit sie sich gerade beschäftigen wollen, gibt es selten. Lehrerin Sabine Rutte und Schulleiterin Gabriele Schmidt können sich inzwischen durchaus vorstellen, dass sie die »freien Phasen« des Unterrichts erweitern. Allerdings führen sie auch Bedingungen ins Feld, die es ihnen schwer machen. Ihre Klassen sind immer sehr voll: 23 bis 28 Kinder sind der Normalfall. Personal und Räumlichkeiten fehlen. Krankheiten von Kollegen werfen oft alle gut gemeinten Konzepte über den Haufen. Für die Freiarbeit müsste es einen separaten Raum geben, in dem Materialien frei verfügbar ausliegen können und der auch eine flexible Sitzplatzanordnung möglich macht, meint die Schulleiterin.

Dass solche Probleme überhaupt reflektiert werden, hat auch damit zu tun, dass die Kollegen jetzt den Kindergarten und die Arbeit dort kennen. Die Kindertagesstätte »Forscherinsel« ist ein phantastisches Gebäude, ideal für kleine Entdecker. Das runde Holzhaus hat in der Mitte ein Atrium, um das herum die verschiedenen Räume angeordnet sind. Da gibt es Ruhezonen und Kreativräume, Werkstätten, eine Bibliothek, einen Rollenspielraum mit Kostümen. Da liegen Zeichenblätter, Stifte und Bausteine zur freien Benutzung aus und auch Schere, Hammer und Schraubenzieher sind frei zugänglich. Die Erzieherinnen haben diese Öffnung behutsam vorbereitet und die Kinder an ihre neue Freiheit herangeführt. Erst wurde ein Raum, dann ein zweiter geöffnet. Kinder und Erzieherinnen handelten gemeinsam Regeln für ihre Benutzung aus.

Das »Loslassen« fiel den Erzieherinnen schwer, erzählt Anja Buuk. Da waren Bedenken, ob denn alle Kinder damit ausreichend gefördert werden können, und natürlich gab es auch Sorgen um die Sicherheit der Kinder. Inzwischen schätzen die Erzieherinnen, dass ihnen jetzt viel mehr Zeit bleibt, sich einzelnen Kindern zuzuwenden, auch für die Dokumentation und Beobachtung. Von Chaos keine Spur. Sogar die Lautstärke im Haus hat sich verringert, sagen die Erzieherinnen. Die Kinder verteilen sich auf die Räume und es ist leichter sich den einzelnen Kindern zuzuwenden. Keine Erzieherin möchte mehr zum alten Konzept und streng abgeschlossenen Gruppenräumen zurück. Und Projekte gibt es bei ihnen eigentlich immer wieder; sie sind Alltag geworden.

Anja Buuk erzählt zum Beispiel von einem Sprachspiel, das sie mit ihren Vorschulkindern machte. Die Erzieherin nannte ihnen zwei Worte: »Baum« und »Stamm« und fragte die Kinder, ob sie ein Wort kennen, in dem diese beiden vorkommen. Anja Buuk erwartete eigentlich »Baumstamm« als Lösung zu hören. Aber es kam anders. Denn ein Mädchen sagte stolz: »Stammbaum«. »Ja, das gibt es auch«, musste Anja Buuk einräumen. »Wisst ihr denn, was das ist?« Klar« meinte das Mädchen: »Das ist ein Tisch unter einem Baum, an dem die Erwachsenen« sitzen und trinken.« »Der Stammtisch kann sicher auch unter einem Baum im Gartenlokal stehen, aber ein Stammbaum, das ist was anderes« erklärte Anja Buuk. Und dann waren die Kinder Feuer und Flamme – »So was wollen wir auch mal machen.« Das nächste Projekt war geboren, Omas und Opas wurden befragt und die nicht ganz einfache Stammbaum-Forschung begann.

Die Lehrerinnen fanden das gut, aber ganz so spontan könnten sie in der Schule eben nicht arbeiten, meinten sie. Und in der ersten Klasse, da müsse der Lehrer »führen«, also den Kindern genau sagen, was wie getan werden soll und welcher Buchstabe auf welche Zeile und welche Zahl in welches Kästchen gehört. Werden die Kinder hier nicht manchmal unterschätzt? Kinder, die von der »Forscherinsel« kommen, die haben freie Arbeit erlebt und können sich den dafür notwendigen Regeln unterordnen. In der Schule sollen sie wieder von vorn anfangen?

»Ja, aber«, höre ich von Gabriele Schmidt. Nicht alle Kinder kämen aus diesem Kindergarten und nicht überall liefe es so wie dort. Und die Lehrerinnen geben auch zu bedenken, dass sie in der Schule ganz speziellen Zwängen ausgesetzt seien. Während im Kindergarten inzwischen sehr individuell auf die Entwicklung jedes Kind mit seiner ganz eigenen Zeitstruktur eingegangen würde, sei das in der Schule nur zum Teil möglich.

In den ersten beiden Klassen sei zwar bereits eine flexiblere Herangehensweise gefordert, zum Beispiel beim Schreiben- und Lesenlernen, aber bereits in der dritten Klasse müssten bestimmte Leistungen abgefordert und »knallhart« bewertet werden. Schließlich müssten die Grundschullehrerinnen und -lehrer die Kinder in der vierten Klasse »einsortieren«. Dann hieße es: »Du darfst aufs Gymnasium und du nicht«, eine Entscheidung für die gesamte Bildungskarriere eines Kindes.

Der Doppelcharakter der Grundschule – fördern und auslesen – taucht jetzt besonders scharf auf. Das kann man beklagen und bedauern, aber die Strukturen zwingen den Grundschullehrerinnen bestimmte Vorgehensweisen auf. Wer in Kategorien des Aussortierens denken muss, kann vielleicht nur bedingt für ein Konzept offen sein, welches das Kind in den Mittelpunkt stellt.

Kooperation ganz praktisch

Und dennoch ist es gelungen eine Brücke zu schlagen, auf der die Kindergartenkinder zur Schule kommen, Schüler zum Kindergarten wandern und sich auch die Pädagoginnen beider Einrichtungen begegnen, ganz selbstverständlich.

Einmal in der Woche gibt es im Kindergarten jetzt einen Vorschultag. Eigentlich sollte das immer der Mittwoch sein. Und anfangs waren die Erzieherinnen nicht beglückt, wenn es von seiten der Schule immer mal wieder hieß: »Nein, heute geht's nicht, da könnt ihr nicht kommen.« Doch als sie nachfragten, verstanden sie besser. Sehr große Klassen, akuter Lehrermangel oder eine zentral angesetzte Kontrollarbeit standen gemeinsamen Unternehmungen manchmal im Wege. So wurde beschlossen, den Vorschultag flexibler zu gestalten, einmal in der Woche und auch nicht immer nur in der Schule. Da gibt es zum Beispiel auch gemeinsame Ausflüge der Grundschüler und Kindergartenkinder. Das tut allen gut, den Erstklässlern, die mal die Großen sein können, und den Kindergartenkindern, die sich jetzt gar nicht mehr klein vorkommen. Gerade erst waren sie auf dem Leipziger Flughafen. Da waren alle begeistert. So lernen sich die Kinder untereinander kennen und auch die künftigen Lehrer erleben das Kindergartenkind als neugierig, aufgeweckt oder noch sehr schüchtern.

Die Kindergartenkinder waren auch schon im Mathematikunterricht dabei, sie kennen die Bibliothek der Grundschule, und der gemeinsame Sportunterricht ist ein Höhepunkt für alle. Erzieherin und Lehrerin gestalten ihn gemeinsam. Die Kindergartenkinder wollen dann alles wie die »Großen« machen und bei den Mannschaftsspielen strengen sie sich an wie nie zuvor. Und natürlich sind die Vorschüler auch beim Frühlingsfest der Grundschule mit dabei. Im Hort haben sie es gemeinsam vorbereitet und ein Höhepunkt des Festes war ein gemeinsamer Tanz der Kinder. Die besten Tänzer waren durchaus nicht die ältesten.

Bei den Erwachsenen ist in dieser Zusammenarbeit die Achtung vor dem anderen gewachsen. Die Erzieherin fühlt sich erstmalig ernst- und angenommen. Anja Buuk meint, das hat ihr Selbstbewusstsein enorm gestärkt. Sabine Rutte will demnächst im Kindergarten auch mal die Spiele und Bücher durchforsten, was davon sie in ihrer ersten Klasse einsetzen kann, denn da hat sie von Anja Buuk tolle Tipps bekommen. Und umgekehrt gibt es manches Lernspiel, das nicht nur in der Schule verwendet werden kann. Pädagogische Fachliteratur tauschen sie schon längst aus, die Anregungen dafür kamen oft von ihrer ponte-Moderatorin.

Verändert hat ihre Zusammenarbeit auch den Umgang mit den Eltern. Im Kindergarten werden inzwischen die Angebote zum Elterngespräch gern und intensiv wahrgenommen. Waren die Eltern erst verunsichert, wenn Erzieherinnen sie zum Gespräch einluden, kommen sie inzwischen selbst und bitten darum, um zu erfahren wie sich ihr Kind entwickelt. Einen solchen Umgang mit den Eltern wünscht sich auch Sabine Rutte in der Schule.

Im Kindergarten wird derzeit erprobt, wie man die Kinder besser an der Gestaltung ihrer Lebenswelt beteiligen kann. Alle 14 Tage gibt es eine Kinderkonferenz. Die Kinder müssen nicht kommen, haben aber das Recht zur Teilnahme. Geredet wird dann zum Beispiel über die Regeln in den einzelnen Räumen: »Haben sie sich bewährt oder brauchen wir Veränderungen?« Die Kinder können auch Vorschläge für Ausflüge und Projekte machen. Ein Mädchen möchte gern Tierärztin werden und schlug vor, »mal bei einem Tierarzt vorbei zu schauen«. Sie fand weitere Interessenten für diesen Vorschlag auf der Kinderkonferenz. Und die nächste Idee lässt bestimmt nicht lange auf sich warten. Antje

Buuk ist begeistert, wie sich die Kinder hier entwickelt haben, wie selbstbewusst und sprachlich genau sie nach ein paar Wochen ihre Anträge formulieren können und für ihre Ideen eintreten.

Die Lehrerinnen aus der Grundschule beobachten die Kinderkonferenzen mit Interesse. Und Gabriele Schmidt räumt ein, dass es in der Schule bei ihren Projekten bisher so war, dass die Lehrer das Thema vorschlugen und das Ganze vorbereiteten und die Kinder eigentlich dann nur die Ausführenden waren. Die Impulse aus dem Kindergarten haben sie bestärkt, im nächsten Schuljahr die Kinder bereits in die Vorbereitung stärker einzubeziehen.

Was bleibt von ponte

Man ist »warm« geworden miteinander, sagen beide Seiten. Das klingt nach herzlicher Begegnung, aber auch einer Vertrautheit, die Probleme nicht unter den Teppich kehrt. Viele Vorurteile sind gefallen. Man kann den anderen besser verstehen und es fällt nicht mehr schwer, aufeinander zuzugehen. Besonders die Erzieherinnen gehen heute mit einem besseren Gefühl in die Schule. Sie spüren die Wertschätzung der Lehrer.

Beide Seiten wollen die gemeinsame Elternarbeit intensivieren. Künftig soll es nicht nur diesen einen Elternabend geben, den sie zusammen gestalten, sondern auch individuelle Gesprächsangebote für die Eltern. Bei inhaltlichen Elternabenden, die in der Grundschule stattfinden sollen, will man künftig auch auf die Kompetenz der Erzieherinnen setzen, z. B. bei solchen Themen wie Aufmerksamkeits-Defizit-Syndrom (ADS) oder sprachlichen Entwicklungsproblemen.

Die regelmäßigen Treffen der Pädagogen beider Einrichtungen sollen beibehalten werden. Die zunächst als belastend empfundene vorgeschriebene terminliche Struktur des ponte-Programms war nützlich. Zusammenarbeit braucht verbindliche Zeiten und erfordert Disziplin.

Die Pädagoginnen entwickelten ein gemeinsames Bildungsverständnis. Es beinhaltet, das Kind dort abzuholen, wo es in seiner Entwicklung steht, ihm viel Raum zur Selbstentfaltung zu bieten, es dabei zu begleiten und zu unterstützen und immer wieder selbst an diesem Prozess zu beteiligen. Ob und inwieweit man diesem Grundverständnis gerecht wird, soll immer wieder gemeinsam geprüft werden. Dabei sind sich beide Seiten bewusst, dass die unterschiedlichen Strukturen beider Einrichtungen die praktische Umsetzung eines kontinuierlichen Bildungsprozesses oft erschweren. Obwohl die Grundschule wesentlich stärker unter dem Druck eines leistungs- und abschlussbezogenen Schulsystems steht, können Impulse aus dem Kindergarten eine stärker kindgerechte Schuleingangsphase befördern.

Schulleiterin Gabriele Schmidt denkt zum Beispiel über die Einrichtung eines Kreativzimmers nach. Die Regeln für seine Benutzung sollen von allen gemeinsam festgelegt werden. Das wäre auch ein guter Beginn für eine Kinderkonferenz in der Grundschule, die Frau Schmidt gern etablieren würde. Und die Schulleiterin nimmt sich vor, künftig ihre eigene Veranstaltungsmoderation im Kollegium zu überdenken, weniger vorzugeben, sondern die Kollegen stärker mit ihren Überlegungen und Vorschlägen einzubeziehen. Sabine Rutte möchte die Vorschul-Eltern schon früher in die Schule holen, um ihnen Ängste zu nehmen, die bei ihnen oft größer seien als bei ihren Kindern. Dazu gibt es bereits Angebote von Schul-Eltern dabei mitzuwirken. Insgesamt sind beide Kollegien offener geworden für Angebote von außen. Gern würden sie wieder kompetente Wissenschaftler für gemeinsame Weiterbildungen einladen und ihre Vorträge auch für Eltern öffnen. Es gibt also viele weiterführende Ideen.

Auch für die Kinder hat die Zusammenarbeit bereits jetzt viel gebracht, sind sich beide Seiten sicher. Die Vorschüler sind offener und selbstbewusster geworden. Für die Erwachsenen ist das durchaus nicht immer nett, erzählt Antje Buuk. Kinder, die wissen, was sie wollen, die neugierig sind und viele Fragen haben, die sehr genau wissen, was sie bereits können, sind anstrengend. Die Fünf- und Sechsjährigen kennen ihre künftigen Lehrer und haben schon Freunde in der Schule, mit denen sie sich jetzt bereits öfter auch mal am Nachmittag treffen. Die Schule ist für sie kein unbekanntes Ufer mehr: Die Brücke ist geschlagen und wird von beiden Seiten genutzt.

Eingangs war von einem Sprichwort aus Afrika die Rede, in dem dazu aufgefordert wird, Brücken statt Mauern zu bauen. In Kulkwitz mussten zunächst Mauern abgetragen und eingerissen werden, ehe die Brücke entstehen konnte: Mauern aus Misstrauen, Vorurteilen und Besserwisserei. Es gibt viele Sprichworte in Afrika, die das Bild der Brücke aufnehmen. Am Schluss passt vielleicht dieses: »Worte sind Brücken, solange es etwas zu sagen gibt, tragen sie«. In Kulkwitz können sich Lehrerinnen und Erzieherinnen ihre frühere Sprachlosigkeit kaum noch vorstellen. Und Gesprächsstoff und -bedarf gibt es nach wie vor genug auf beiden Seiten.

»Der Aufwand war gar nicht so groß…«

Alexander Funk

Gemeinsames Erleben, sich gegenseitig kennen lernen und dabei Vertrauen aufbauen: drei entscheidende Faktoren, die Kindern wie auch Erzieherinnen, Lehrerinnen und Eltern das Übergangsgeschehen zwischen Kindergarten und Grundschule erleichtern können. Das ist nur eine Erkenntnis, die das ponte-Tandem Trier Heiligkreuz durch seinen Projekttag »Lernen und Bewegung« gewonnen hat.

Mai 2008: Das Trierer Tandem Heiligkreuz veranstaltet seinen ersten gemeinsamen Aktionstag zum Thema »Lernen und Bewegung«.

Rund 200 Kinder tummeln sich auf dem Pausenhof: Sie spielen Hockey, klettern auf einem Gerüst herum, hüpfen quietschfidel auf einem Trampolin oder üben sich im Torwandschießen. Zwischen den Kleinen stehen Erwachsene und unterhalten sich angeregt. Blauer Himmel, Sonnenschein – die Atmosphäre ist bestens. Es ist der erste gemeinsame Projekttag der Trierer Grundschule Heiligkreuz zusammen mit dem katholischen Kindergarten St. Maternus und dem katholischen Kindergarten Heiligkreuz. Das Motto: »Lernen und Bewegung.« Die Initiatoren: Das Trierer ponte-Tandem Heiligkreuz.

»Bewegung hilft beim Einprägen von Lerninhalten. Deshalb soll Bewegung künftig gezielt in den Unterricht und in den Kindergarten-Alltag integriert werden«, erklären die Mitglieder des Trierer Tandems ihre Wahl. Aus diesem Gedanken heraus entstand bei den Pädagoginnen und Pädagogen in Kindergarten und Grundschule die Idee für den Aktionstag. Das erste Mal fand er im Mai 2008 statt.

Um das Thema so umzusetzen, dass sowohl Grundschul- als auch Kindergartenkinder mit Spaß und Freude partizipieren konnten, mussten für den Tag einige Vorbereitungen getroffen werden: 20 Sportstationen wurden auf dem Gelände der Trierer Grundschule Heiligkreuz aufgebaut – Kartfahren, Stelzenlauf, Balancieren und Zielwerfen sind nur einige wenige Beispiele. Die Aufgabe der Kinder aus Schule und Kindergarten: Alle 20 Stationen durchlaufen. Wer das schaffte, bekam eine Medaille, die die Grundschulkinder aus Schnüren und

Bierfilzen vorher selbst gebastelt hatten. Um die Verpflegung kümmerten sich die Kindergarten-Erzieherinnen mit ihren Schützlingen. Selbst gemachte Obstspieße standen auf dem Speiseplan – ein Renner bei den Kindern.

»Insgesamt war der Aufwand aber gar nicht so groß, wie es vielleicht zunächst klingt«, beteuern die Tandem-Mitglieder. Schließlich wurden auch die Eltern der Kleinen mit in den Tagesablauf eingebunden. Sie betreuten abwechselnd die 20 Sportstationen, was hervorragend klappte.

Für die Tandem-Mitglieder eine wichtige Besonderheit: Eltern, Schülerinnen und Schüler, Kindergartenkinder, Erzieherinnen, Lehrerinnen und Lehrer setzten sich gemeinsam mit dem Thema »Lernen und Bewegung« auseinander und jeder Einzelne brachte sich auf seine Weise für den Aktionstag ein. Diese Vernetzung, also der gegenseitige Austausch und das Kennenlernen, ist unglaublich wichtig, um das gemeinsame Ziel zu erreichen: Die Übergangsphase zur Grundschule für alle beteiligten Akteure zu erleichtern.

Zunächst wurden am Projekttag von den Pädagoginnen und Pädagogen überraschende Beobachtungen gemacht. Beispielsweise beim sogenannten Orientierungslauf. Dabei bekamen die Kindergartenkinder Fotos von Detailausschnitten des Schulhofs in die Hände gedrückt und sollten die entsprechenden Stellen in der realen Umwelt identifizieren. Anstatt sich – wie eigentlich von den Erwachsenen erwartet – emsig auf die Suche nach den passenden Ecken und Orten zu machen, wendeten die Kinder eine andere, intelligentere Strategie an: Sie sprachen gezielt ältere Schulkinder an und ließen sich von den ortskundigen »Profis« bei der Aufgabenstellung helfen, was letztere auch bereitwillig taten.

Außerdem stellte sich heraus, dass gerade ansonsten schüchterne Kinder am Aktionstag regelrecht »aufgetaut« sind »und das, obwohl wir unseren Kindern die Wahl gelassen hatten, einfach in unserer Nähe zu bleiben oder beim Aktionstag aktiv mitzumachen«, berichtet eine Erzieherin. Es habe schließlich schon Bedenken gegeben, ob der Aktionstag für die Kindergartenkinder nicht zu viel des Guten sei. Doch die Sorgen seien unbegründet gewesen: »Die Atmosphäre war so positiv, dass selbst die ängstlichsten unserer Schützlinge aufgetaut sind.« Vielleicht eine Folge des Umstands, dass sich auch die ansonsten wilderen Kinder zum Positiven verändert hatten: »Wenn es zum Beispiel ums geduldige In-der-Schlange-stehen ging, zeigten sich die ansonsten prädestinierten Drängler am Aktionstag als sozial besonders kompetent«, sagt ein Grundschullehrer.

Dass die großen Kinder sehr rücksichts- und respektvoll mit den kleineren umgingen, zeigte sich auch bei folgender Situation: Bei einer von den Grundschülern selbst erbauten Zielwurf-Station schnitten die Kindergartenkinder besser ab und stellten sogar dreifach den neuen Schulrekord auf. Doch statt neidisch oder gar mit Missgunst zu reagieren, gab es von den Älteren für diese überraschende Leistung Anerkennung. Und noch mehr: Die Kinder setzten sich mit dem Phänomen aktiv auseinander und suchten für das unerwartet gute Abschneiden der kleineren logische Erklärungen. Zum Beispiel: »Die sind ja auch kleiner als wir und können deshalb die Ziele, welche genau auf ihrer Wurfhöhe sind, besser treffen.«

Die geschilderten Phänomene, also das teilweise überraschende Verhalten der Kinder, führen die Mitglieder des Trierer Tandems zu einem Großteil auf die Konzeption des Aktionstags zurück. »Die Motivation, mitzumachen und sich positiv einzubringen war sehr groß, schließlich wollte jedes der Kinder eine Medaille ergattern«, schildert eine Erzieherin ihre Sicht. Deshalb seien die Kinder gefordert gewesen – und das, obwohl es keinen Druck oder Zwang gegeben hat. Die Medaille gab es schließlich schon allein für das konstruktive Mitmachen.

Doch was hat der Aktionstag im Hinblick auf das Übergangsgeschehen zwischen Kindergarten und Grundschule verändert? Nach Einschätzung der Trierer Tandem-Mitglieder eine ganze Menge:

Aus Sicht der Erzieherinnen konnte der Kontakt zu den Lehrkräften im Zuge der gemeinsamen Organisation und Durchführung des Aktionstags entscheidend intensiviert werden. Die vielen überraschenden Beobachtungen geben nach ihrer Einschätzung neue Impulse für die weitere Zusammenarbeit.

Das gemeinsame Erlebnis mit den Schulkindern von morgen schafft eine erste Vertrauensbasis und steht deshalb für die Lehrerinnen und Lehrer im Vordergrund. »Ich habe mit einzelnen Kindern durch gemeinsames Erleben erste Beziehungen aufgebaut«, schildert ein Lehrer seine Erfahrung. Durch gemeinsames Spiel entstand zwischen Kindern und Lehrer ein positiver erster Kontakt.

Außerdem konnten die Lehrkräfte auch die Eltern der Kindergartenkinder am Projekttag schon vorab kennenlernen und so zahlreiche Informationen bezüglich des Schulanfangs austauschen.

Positiv am Aktionstag war insbesondere auch die Erfahrung mit Peer-to-Peer-Lernprozessen – also Lernprozessen zwischen den Kindern. Diese speziellen Lernsituationen zeichnen sich unter anderem durch folgende Eigenschaften aus:

Lernende und Lehrende sprechen die gleiche Sprache, haben ähnliche Interessen, Verhaltensweisen und Umgangsformen wie sie ansonsten nur Gleichaltrige haben.

Lehrende kennen die Probleme und Lebenssituationen

der Lernenden viel besser und können sich besser einfühlen.

Um diese Vorteile stärker nutzen zu können, will das Trierer Tandem im Bereich Peer-to-Peer zwischen Kindergartenkindern und Grundschulkindern künftig weitere Ideen entwickeln.

Bleibt die Frage, warum eine solch fruchtbare Zusammenarbeit nicht schon vor ponte erprobt wurde? Schließlich gab es bereits seit mehreren Jahren erste Kontakte zwischen den Einrichtungen, wie einen gemeinsamen Elternabend der Grundschule und der Kindergärten oder zum Beispiel einen Unterrichtsbesuch der Kindergartenkinder in ihrer künftigen Schule. Allerdings: Mehr war nicht drin. Zwar berichten die Tandem-Mitglieder, dass der Wunsch nach engerer Zusammenarbeit schon immer bestanden habe, doch seien die entsprechenden Kontakte zu lose und deshalb nicht etabliert genug gewesen. Hauptgrund für diese Situation: »Man hat sich keine Zeit dafür genommen«, sind sich die Tandem-Teilnehmerinnen einig. Lehrerinnen und Erzieherinnen hätten einen komplexen beruflichen Alltag, da sei es schwer, Zeit abzuknapsen. Die Folge war bizarr: »Wir wussten trotz zum Teil unmittelbarer Nachbarschaft kaum etwas voneinander«, sagt eine Lehrerin. Deshalb war das Hilfsangebot von ponte so wichtig: Es war die Initialzündung, sich verstärkt des Themas »Übergangsgeschehen zwischen Kindertageseinrichtung und Grundschule« anzunehmen.

Dabei waren die Probleme, die mit dem Übergangsgeschehen vor allem für die Kinder zusammenhängen, offensichtlich: So berichten die Erzieherinnen, dass der Bruch zwischen Kindergarten und Grundschule bei vielen Kindern nicht nur Freude, sondern auch Ängste produziere. Das zeige sich bei den Kindergarten-Kindern an der großen Unruhe, die zu Beginn der Übergangsphase in die entsprechenden Gruppen komme. »Unser Anliegen war es deshalb schon immer, diese Ängste abzubauen, damit der Start an der Grundschule für die Kinder einfacher wird«, sagt dazu eine am ponte-Programm beteiligte Erzieherin.

Heute werden in jedem Jahr zusätzlich zum gemeinsamen Elternabend und zum Klassenbesuch der Kindergartenkinder folgende Ideen des Trierer Tandems Heiligkreuz umgesetzt: Es gibt Hospitationen der kommenden Erstklässler in der Grundschule, den gemeinsamen Aktionstag, einen Lehrerbesuch im Kindergarten, Besuche der Kindergarten-Kinder in der Schulbibliothek sowie eine Befragung der Eltern in Bezug auf die Zufriedenheit und Beteiligungswünsche beim Übergangsgeschehen.

Ein Einsatz, der sich aus Sicht aller am Tandem beteiligten Pädagoginnen und Pädagogen lohnt. Letztere berichten, die Eltern während des Übergangsgeschehens viel besser als früher informieren zu können. Zum Beispiel könne man mit vielen Vorurteilen über den Unterricht an Grundschulen aufräumen. »Viele Eltern denken ja noch an den Frontalunterricht, den sie vielleicht in ihrer Kindheit selbst noch erfahren haben. Da hat sich im Gegensatz zu früher an den Schulen heute viel verändert, wie wir nun aus eigener Erfahrung berichten können«, sagt eine Erzieherin, die sich für die neuen Lehrformen an der Grundschule regelrecht begeistert. Eine Begeisterung, die ansteckt und bei vielen Eltern unnötige Ängste abbauen helfen kann.

Und auch die Lehrerinnen und Lehrer profitieren vom intensivierten Austausch. So berichtet beispielsweise eine Sportlehrerin: »Heute kann ich in so mancher Situation ermunternd zu meinen Erstklässlern sagen: ›Das kennt ihr doch, das habt ihr doch schon im Kindergarten gemacht...‹«

Menschen und Räume verbinden

Das »Botschafter-Konzept« des ponte-Tandems Schweich

Alexander Funk

Mit dem Übergang von der Kindertageseinrichtung zur Grundschule sind neben der allgemeinen Vorfreude häufig auch Ängste, Unsicherheiten und Sorgen verbunden. Nicht nur bei den betroffenen Kindern, sondern auch bei deren Eltern. Durch eine engere Vernetzung zwischen Lehrerinnen und Erzieherinnen sowie zwischen Grundschülern und Kindergartenkindern soll diesen Phänomenen vorgebeugt werden. Dabei ist ein zentraler Ansatz des ponte-Tandems Schweich: Grundschulklassen und Kindergartenkinder besuchen sich gegenseitig und tauschen sich dabei intensiv untereinander aus.

Fabian sitzt selbstsicher in der Mitte eines Stuhlkreises und hält die Miniatur-Ausgabe eines Streitkolbens[1] zwischen den Fingern seiner rechten Hand. Auf den zehnjährigen Grundschüler sind 18 Augenpaare gerichtet: Fabian ist zu Besuch in der Schweicher Kindertageseinrichtung »Kinderland«, um dort Kindern, die bald auf seine Grundschule gehen, etwas über sein Fachgebiet beizubringen. Fabian ist Experte – Ritterexperte. Und er ist voll in seinem Element: Eifrig erklärt und gestikuliert er, stellt Verständnisfragen, veranschaulicht das Gesprochene mit kleinen Plastik-Spielfiguren und freut sich sichtlich über das rege Interesse seiner jungen Zuhörer.

Es ist nur eine von vielen besonderen Szenen, die das Tandem Schweich bisher erlebt hat. Seit Januar 2007 arbeiten die Pädagoginnen der Grundschule »Am Bodenländchen« und der Kindertageseinrichtungen »Kinderland« und »St. Martin« in Schweich sowie »Angela Merici« in Schweich-Issel im Rahmen von ponte zusammen. Ihr gemeinsames Ziel: Die Übergangsphase vom Kindergarten zur Grundschule für alle Beteiligten – Kinder, Lehrerinnen, Erzieherinnen, Eltern – professioneller zu gestalten. Ihr Rezept: Das »Botschafter-Konzept«.

Die Idee ist einfach, zeigt jedoch große Wirkung: Die Grundschule entsendet sogenannte Botschafter an die Kindertagesstätten. Das heißt, Grundschüler besuchen in Begleitung ihrer Klassenlehrerinnen die Einrichtungen und bringen zwei Dinge mit: Eine Einladung an ihre Schule und Zeit. Zeit, in denen die Schüler mit ihren künftigen Schulkameraden spielen oder ihnen aus Büchern Geschichten vorlesen. Im Gegenzug besuchen die Kindergartenkinder die Grundschule, nehmen am Unterricht teil und spielen mit den Älteren in der Pause.

»Diese gemeinsamen Lern- und Spielsituationen waren dadurch gekennzeichnet, dass es sowohl zwischen den Kindern als auch in Bezug auf uns Betreuer keine Berührungsängste gab«, berichtet eine Erzieherin. Besonders überrascht waren die Erzieherinnen von der behutsamen Art, mit der die älteren Kinder die jüngeren behandelten. »Die spielten mit den Kleinen sogar Spiele, die sie sonst wohl nicht mehr spielen würden«, berichtet eine Lehrerin. Auffällig war außerdem, dass

1 Der Streitkolben ist eine Hiebwaffe. Er wurde aus der antiken Keule entwickelt und im Mittelalter als Waffe der Reiterei eingesetzt.

die ansonsten aktiveren Kinder einen Gang zurück schalteten – und das, obwohl die Neugierde und Freude auf die wechselseitigen Besuche sehr hoch gewesen sei. Vielleicht lag es daran, dass die Atmosphäre einfach stimmig war, mutmaßen die Tandem-Teilnehmerinnen: »Die Kleinen waren stolz darauf, dass die Großen sich mit ihnen so intensiv beschäftigten, und die Großen waren stolz darauf, den Kleinen etwas beibringen zu dürfen.«

Die überwältigende Akzeptanz des Projekts bei den Kindern führte sogar dazu, dass die Größe der Botschafter-Gruppen begrenzt werden musste. Nur noch diejenigen Schüler, welche die jeweilige Kindertagesstätte vor ihrem Schuleintritt besucht hatten, durften mitkommen, berichtet eine Lehrerin.

Ein besonderer Fall des gegenseitigen Austauschs zwischen Grundschule und Kindertageseinrichtungen war das eingangs geschilderte Experiment mit dem Ritterexperten Fabian. »Die Idee entstand spontan im Gespräch unter Tandem-Teilnehmern«, berichtet Fabians Klassenlehrerin. In der Schweicher Kindertageseinrichtung »Kinderland« sei schon seit längerem ein Jubiläumstag mit dem Thema »Leben zur Ritterzeit« geplant gewesen. »Da hab ich zu Fabian gesagt: ›Das wäre doch eine Gelegenheit, den kleineren Kindern mal etwas über dein Spezialgebiet zu erzählen‹.« Erzieherinnen und die Lehrerin haben daraufhin eigentlich nur noch einen gemeinsamen Termin festgelegt, den Rest hat Fabian vollkommen selbstständig organisiert. Das Ergebnis war mehr als erstaunlich: Die Kindergartenkinder waren von Fabians anschaulichem Unterricht total begeistert und haben unglaublich diszipliniert und aufmerksam zugehört. Und das, obwohl die ganze Aktion deutlich länger als eine Stunde gedauert hat.

Die beteiligten Erzieherinnen und die Klassenlehrerin vermuten, dass das Experiment deshalb so gut funktioniert hat, weil Fabian sehr sensibel war, was die Einschätzung des Vorwissens und der Fähigkeiten seines jüngeren Publikums betraf. »Er ist im Vergleich zu Erwachsenen halt einfach noch viel näher dran an der Lebenswelt der Kindergartenkinder«, sagen dazu die Erzieherinnen. Außerdem habe man dem kleinen Experten angemerkt, wie stolz er war, sein Wissen zu zeigen und ein bisschen in die Rolle eines Erwachsenen zu schlüpfen.

Der viel versprechende Ansatz soll künftig weiter verfolgt werden. Auch die anderen am Tandem teilnehmenden Kindertageseinrichtungen sind sehr an solchen Peer-to-Peer-Lernprozessen interessiert. Schließlich seien solch »kleine Experten« keineswegs die Ausnahme, sagt Fabians Klassenlehrerin. »Wenn Kinder sich für etwas interessieren, gibt es kein Halten mehr.«

Doch die positiven Ergebnisse der Arbeit des Schweicher Tandems sind keine Selbstverständlichkeit. Bis zu Beginn des ponte-Programms waren die Kontakte zwischen Grundschule und Kindertageseinrichtungen eher sporadischer Natur: Zwar besuchten die Kinder der Kindertagesstätten, die kurz vor dem Wechsel in die Schule stehen, vorab traditionell eine Schulklasse. Gemeinsame Infoabende für die Eltern oder gar Besuche von Lehrerinnen in der Kindertagesstätte waren aber eher eine Ausnahme als die Regel. »Wie die Kinder sich verhalten, kam erst nach den ersten Schultagen ans Licht«, beschreibt eine Lehrerin die Zeit vor dem ponte-Programm. »Wir wussten nie, was im neuen Schuljahr eigentlich auf uns zukommt.« Und auf der Seite der Erzieherinnen machte sich diese unbefriedigende Situation auch bemerkbar: Ihre Schützlinge waren die Wochen vor dem Übergang in die Grundschule oft angespannt.

Von Ängsten bei den Kindern wollen die Erzieherinnen zwar nicht sprechen, doch die Skepsis bei den Eltern sei zum Teil sehr ausgeprägt gewesen. »Mit wem und von wem wird unser Kind unterrichtet?« oder »Hat mein Kind alle Fähigkeiten, die ein Schulanfänger mitbringen sollte?« waren drängende Fragen, mit denen sich die Erzieherinnen häufig konfrontiert sahen.

Zwar waren die Motivation und Bereitschaft die Probleme anzugehen – laut Lehrerinnen und Erzieherinnen – von Beginn an da, doch fehlte der geeignete Rahmen, innovative Konzepte zu entwickeln und gemeinsam umzusetzen. Mit ponte hat sich das geändert: »Wir haben ein Datum und einen Ort genannt bekommen und uns dann getroffen«, berichten die Tandem-Teilnehmerinnen. Und dieses gegenseitige Kennenlernen hat Bewegung in die Sache gebracht: »Man kennt sich überhaupt mal persönlich. Allein das ist schon sehr wichtig, um überhaupt etwas ins Rollen zu bringen.«

Und die Ergebnisse der Arbeit können sich sehen lassen: Das Botschafter-Projekt hat aus Sicht des Tandems die Situation aller beteiligten Akteure spürbar verbessert.

Bei den Kindern wurde die Vorfreude auf die Schule deutlich wahrnehmbar verstärkt. Dies führen die Erzieherinnen vor allem darauf zurück, dass die Kindergartenkinder die Grundschule im Rahmen des Botschafter-Konzepts als Besucher mit einem gewissen Abstand erleben können. Sie lernen dort künftige Schulkameraden und die Räumlichkeiten ganz ohne irgendwelchen Druck kennen. »Menschen und Räume werden für die Kinder dabei greifbar«, beschreiben Lehrerinnen die Situation. Und dass die Kinder nach so einem Besuch tatsächlich erste Bezüge zur Grundschule hergestellt haben, merkt man laut Erzieherinnen zum Beispiel daran, wie angeregt sie sich über ihre künftigen Lehrkräfte unterhalten.

Die Erzieherinnen profitieren vor allem von den neuen Erkenntnissen, die sie über Organisation und Abläufe in der Grundschule gewonnen haben. »Wir waren überrascht, wie ähnlich die Arbeit mit den Kindern im Kindergarten und in den ersten Schulwochen abläuft. Vor allem die spielerische Form der Wissensvermittlung hat sehr an unsere Arbeit erinnert«, berichtet eine Erzieherin. Diese neuen Erkenntnisse helfen vor allem dann, wenn es gilt, bei besorgten Eltern, deren Kind sich in der Übergangsphase befindet, Ängste abzubauen. »Die Akzeptanz unserer eigenen Arbeit und unserer Beratungstätigkeit ist durch unsere engere Vernetzung mit der Grundschule bei den Eltern spürbar gestiegen«, sind sich die Erzieherinnen und Erzieher einig.

Die Lehrerinnen sind durch den engen Kontakt zu den Kindertagesstätten, wie eingangs bereits geschildert, besser darauf vorbereitet, welche Kinder sie im neuen Schuljahr erwarten. »Die Erfahrung zeigt außerdem, dass die Kinder nun entspannter an unsere Schule kommen«, berichtet eine Klassenlehrerin. Kinder, die sich wohl fühlen, würden in der Folge auch besser lernen. Und genau das sei schließlich ihr Ziel.

Und auch die beteiligten Einrichtungen profitieren von der Arbeit des Tandems. Denn das ponte-Programm hat neue Qualitätsmerkmale für die teilnehmenden Kindertageseinrichtungen und die Grundschule geschaffen, die die Wahlentscheidung von Eltern entscheidend beeinflussen können.

Die erfolgreiche Arbeit soll fortgesetzt werden. Ideen sind genug vorhanden, zwei konkrete Projekte sollen in naher Zukunft angegangen werden: Eine Schulrallye für Kindergartenkinder sowie gemeinsame Sportstunden mit den Grundschulkindern.

Auch Eltern profitieren

Andrea Klatt

Die Kindertagesstätte INA.KINDER.GARTEN Brüsseler Straße liegt im Berliner Bezirk Wedding. Hier leben viele Familien mit einem Migrationshintergrund. Eine der zentralen Aufgaben sieht die Kindertagesstätte darin, praktische Integrationsarbeit zu leisten, indem sie Bildungsinhalte so vermittelt, dass sie auch für diese spezielle Gruppe von Eltern transparent werden.

In den letzten zwei Jahren entstand durch das ponte-Programm eine enge Kooperation mit der Brüder-Grimm-Grundschule mit dem Ziel, die Bildungsarbeit beider Institutionen den Eltern zu verdeutlichen.

Frau Akinci, Elternvertreterin der Kindertagesstätte INA.KINDER.GARTEN Brüsseler Straße, berichtet aus ihrer Sicht, über diesen Prozess der Berliner Moderatorin Andrea Klatt.

Klatt: Frau Akinci, wie erhielten Sie Informationen zum ponte-Programm?

Akinci: Es gab einen Informationsabend für die Eltern, an dem auch zwei Lehrer der Brüder-Grimm-Grundschule teilnahmen. Hier erhielten wir die ersten Informationen über die stattfindende Kooperation zwischen Kindertagesstätte und Schule. Es wurde deutlich, wo die Parallelen der Arbeit liegen und wie diese genutzt werden können. Hier wurde auch sehr anschaulich erklärt, wie das jahrgangsübergreifende Lernen (JÜL) in der Grundschule praktiziert wird.

Klatt: Wie wurde diese gemeinsame Arbeit zwischen Kindertagesstätte und Grundschule vermittelt?

Akinci: Es gab dort unterschiedliche Formen der Begegnung: zum einen durch gemeinsame Aktionen von Kindergarten- und Schulkindern. Gemeinsam findet eine Sportstunde für Schul- und Kindergartenkinder statt, die von den Erzieherinnen und Pädagoginnen aus der Schule geplant und durchgeführt wird. Außerdem besuchen Kinder der Schule die Kindertagesstätte. Sie sind hier zum gemeinsamen Frühstück eingeladen. Die Schulkinder konnten einfach noch einmal in den Kindergartenalltag reinschauen. Das war auch für die Kindergartenkinder sehr aufregend. Sie haben sich dadurch schon zur Schule zugehörig gefühlt. Durch diese Frühstückstage ergab sich dann die Idee, dass Schule und Kindertagesstätte einige Beete in der Kindertagesstätte bepflanzen können und gemeinsam für die Pflege und Ernte zuständig sind.

Für uns Eltern war aber auch eine zweite Ebene sehr wichtig. Wir erhielten nicht nur die Möglichkeit, an dem üblichen »Schnuppertag« die Schule zu besuchen, sondern wurden auch zu Hospitationen eingeladen, die uns den täglichen Schulalltag sichtbar machen.

Klatt: Was ist Ihnen bei den Hospitationen aufgefallen? Gab es da etwas, was für Sie neu war?

Akinci: Das jahrgangsübergreifende Lernen (JÜL) in der Schule kannte ich nicht. Ich habe es erst bei den Hospitationen kennen gelernt und bin überrascht, wie gut das funktioniert. Dort ist mir aufgefallen, dass es auch Integrationskinder in den Klassen gibt. Diese Kinder werden genauso unterrichtet wie nicht behinderte Kinder. Es war eine sehr angenehme Atmosphäre. Niemand war gestresst. Es war einfach toll.

Klatt: Können Sie beschreiben, welches Gefühl Sie bei den Hospitationen hatten?

Akinci: Ich hätte mir gewünscht, dass ich zu meiner Zeit, also als ich in die Grundschule ging, auch solch ein Angebot hätte nutzen können. Ich kenne es aus meiner Grundschulzeit nur so, dass es oft angespannte Situationen in den Klassen gab.

Klatt: Wenn Sie diese Unterrichtsform von JÜL beschreiben, sehen Sie da auch Parallelen zur Arbeit hier in der Kindertagesstätte?

Akinci: Definitiv. In unserer Kindertagesstätte gibt es ja eine Altersmischung vom Säuglings- bis hin zum Schuleintrittsalter. Für die Kinder ist es natürlich sehr sinnvoll, weil die Kleineren von den Größeren lernen können und die gegenseitige Rücksichtnahme geübt werden kann.

Klatt: Glauben Sie, dass sich grundsätzlich etwas an der Einstellung zum Kind seitens der Pädagoginnen aus beiden Einrichtungen durch diese Zusammenarbeit verändert hat?

Akinci: Ich denke, dass der Respekt vor der Arbeit der jeweiligen Einrichtung größer geworden ist. Entgegen der allgemeinen Meinung, dass im Kindergarten nur gespielt wird, haben die Lehrerinnen erkannt, wie umfassend Kinder hier auch gefördert werden und wie viel sie dabei lernen.

Klatt: Haben Sie das Gefühl, dass die gemeinsame Arbeit der Pädagoginnen die »alte Angst« vor der Schule nimmt?

Akinci: Na klar wird den Kindern damit die Angst genommen. Man darf nicht vergessen, dass es ein ganz großer Schritt ist, wenn aus einem Vorschulkind ein Schulkind wird. Durch die gemeinsamen Kontakte werden die Kinder ganz langsam und vorsichtig mit der Schule vertraut gemacht. Und ebenso ging es auch uns Eltern. Durch die Möglichkeit der Hospitationen konnten wir einen Einblick in den Schulalltag bekommen, schon einige Lehrerinnen persönlich kennen lernen, und damit ist uns auch die Sorge genommen »wie ergeht es meinem Kind in der Schule?« Dies gibt auch den Kindern eine größere Sicherheit. Ich fühle mich schon jetzt wohl, obwohl mein Kind noch nicht in die Schule aufgenommen wurde, und freue mich für meinen Sohn schon sehr auf die Schulzeit, weil mir durch den Einblick in den Schulalltag eine Vertrautheit vermittelt wurde und ich nicht mehr das Gefühl habe »ein fremdes Terrain« zu betreten. Mein Sohn und ich fühlen uns angenommen.

Klatt: Wie war Ihr Verhältnis zur Arbeit in Kindertagesstätte und Grundschule, bevor Sie etwas von ponte erfuhren? Glauben Sie, dass sich durch ponte etwas in der pädagogischen Arbeit verändert hat?

Akinci: Schule war für mich noch weit weg. Man kann sagen, ponte hat mir ein »Fenster« geöffnet und die pädagogische Arbeit in beiden Institutionen ist mir viel bewusster geworden. ponte hat eine Transparenz für viele Eltern geschaffen, die jetzt eher verstehen, wie wichtig die Arbeit in der Kindertagesstätte ist als Grundlage für einen guten Start in die Schule und wie ähnlich beide Arbeitsweisen sein können.

Durch die gegenseitige Wertschätzung seitens der Pädagoginnen wurde auch den Erzieherinnen noch einmal deutlich, wie wichtig ihre Arbeit in der Kindertagesstätte ist. Ihnen wurde der Druck genommen, dass die Kinder bereits »alles können« müssen, bevor sie in die Schule kommen.

Klatt: Waren die Hospitationen ein Grund, Ihr Kind an dieser Schule anzumelden?

Akinci: Auf jeden Fall. Ich hatte schon durch Familienmitglieder und Nachbarn von der Brüder-Grimm-Schule gehört. Aber nachdem ich dort persönlich hospitiert habe, war ich doch sehr positiv überrascht, wie das dort alles funktioniert. Während des Unterrichts sind alle Klassentüren offen und ich war begeistert von der entspannten Atmosphäre. So ein Schulalltag war mir völlig neu und ich kann mir nichts Besseres für die Kinder vorstellen.

Dialoge eröffnen und unterstützen
Ein Gespräch mit Moderatorinnen von ponte

Sandra Piper

Brücken zwischen Kindergarten und Grundschule bauen – diese Metapher umschreibt das Ziel von ponte, nämlich Erzieherinnen und Grundschullehrerinnen miteinander ins Gespräch zu bringen, um sinnvolle Übergangsstrukturen zwischen Kindergarten und Grundschule zu schaffen.

Brücken werden gebaut, wenn man das andere Ufer erreichen möchte. Aber was ist, wenn man die andere Seite nicht kennt und zunächst gar kein Interesse hat diese kennenzulernen? Man hat keinen Anlass eine Brücke zu bauen oder, anders gesprochen, man hat auch keinen Grund, in einen Dialog zu treten.

Ein Dialog setzt voraus, dass man Interesse am Anderen hat, an seinem Leben, an seinen Gedanken, Ideen und Beweggründen. Das war im Verhältnis der beiden Institutionen Kindergarten und Grundschule bisher wenig der Fall, begründet durch die spezifische historische Entwicklung elementar- und primarpädagogischer Institutionen in Deutschland.

Wie sollen – vor diesem Hintergrund – die Vertreterinnen dieser Berufsgruppen, die Lehrerinnen und Erzieherinnen, in einen lebendigen Austausch treten und gemeinsame Ziele oder sogar Visionen entwickeln?

Um den Dialog zwischen Erzieherinnen und Grundschullehrerinnen zu initiieren und zu unterstützen, wurde jedem Tandem eine Moderatorin oder ein Moderator zur Seite gestellt. Um im Bild zu bleiben, kann man sagen, dass zunächst die Moderatorin die Brücke zwischen beiden Berufsgruppen bildet. Sie schafft Anlässe und Gelegenheitsstrukturen zu Diskussionen über den pädagogischen Alltag in den Einrichtungen und das pädagogische Verständnis der Pädagoginnen, sie organisiert die Tandemtreffen, stellt einen regelmäßigen und verbindlichen Dialog zwischen den Einrichtungen her, sichert den Informationsaustausch und berät die Pädagoginnen in Konfliktfällen, solange bis die Tandems den Brückenbau alleine bewerkstelligen können.

Nach vier Jahren ponte möchten wir an dieser Stelle die Moderatorinnen selbst zu Wort kommen lassen und fragen sie nach ihren Erfahrungen, nach den Schwierigkeiten und Erfolgen, die sie beim »Dialoge stiften« gesammelt und erlebt haben.

Sandra Piper, Programm-Mitarbeiterin der Deutschen Kinder- und Jugendstiftung befragt die Moderatorinnen Bianca Kreid (Trier), Silke Klewe (Dresden), Bärbel Geipel (Cottbus) und Andrea Klatt (Berlin).

Piper: Bitte erläutern Sie uns, wie eine Tandemsitzung abläuft.

Kreid: Wir beginnen die Tandemsitzung meistens mit einem Gespräch, bei dem die Teilnehmerinnen sich zunächst informell austauschen. Ich stelle die zuvor per Mail abgesprochene Tagesordnung vor. Diese wird diskutiert und eventuell verändert. Zur Halbzeit der Sitzung machen wir eine 15-minütige Pause. Am Ende werden die Aufgaben bis zum nächsten Treffen verteilt und wir verabschieden uns.

Klewe: Die Tandemsitzungen laufen je nach Tandem sehr unterschiedlich ab. Alle teilnehmenden Personen sitzen an einem Tisch oder in einem Stuhlkreis. Im günstigsten Fall gibt es Kaffee und Tee und etwas zu essen. Ich habe immer eine Pinnwand dabei, um Ergebnisse sichtbar zu machen und festzuhalten. Nach einer Begrüßung werden organisatorische Dinge besprochen, der Ablauf des Treffens vereinbart, Erwartungen und Wünsche benannt. Danach wird mit Hilfe unterschiedlicher Methoden an dem jeweiligen Thema gearbeitet. Zum Abschluss gibt jede Person der Runde ein kurzes Feedback zur Moderation.

Piper: Wie bereiten Sie sich vor und wie kommen die Themen der Tandemsitzung zustande?

Klewe: Anhand des letzten Praxisprotokolls und der letzten Dokumentation reflektiere ich die vergangene Moderation. Daraus erarbeite ich eine Arbeitsstruktur für die nächste Moderation. Die Themen ergeben sich aus dem Leitziel des Programms, nämlich dem gelingenden Übergang der Kinder aus dem Kindergarten in die Schule. Daraus ergeben sich verschiedene Fragen, Erwartungen und Wünsche der Pädagoginnen an die Pädagoginnen der jeweils anderen Institution. Daraus wiederum entstehen die Themen.

Kreid: Die Vorbereitung erfolgt auf mehreren Ebenen. Zum einen muss die Sitzung zeitlich strukturiert werden. Ich überlege mir, wie viel Zeit wir für welchen Punkt benötigen, und versuche vorab, die zur Verfügung stehende Zeit optimal einzuteilen. Stehen fachlich-inhaltliche Auseinandersetzungen an, dann recherchiere ich vorab im Internet und in der Fachliteratur, um selbst auch thematisch vorbereitet zu sein. Ich gebe selten Themen vor. Die Auswahl der Themen wird methodisch durch mich gesteuert, aber letztlich durch das Tandem getroffen. Themen sind z.B.: Zusammenarbeit mit Eltern, Datenschutz, individuelle Förderung, Partizipation, Gestaltung des Übergangs, Organisation eines gemeinsamen Elternabends usw.

Klatt: Keine Tandemsitzung steht für sich allein. Jede Sitzung ist Baustein in einem längeren Ablauf. Von daher ist die Vorbereitung auch in einem gesamten Komplex zu verstehen. Die ersten Sitzungen sind dem Kennen lernen untereinander und der Spezifizierung der Themen vorbehalten. Anhand dieser Vorgaben werden von mir Themenkomplexe erarbeitet und diese dem Tandem vorgestellt, immer unter der Prämisse, was das Tandem erreichen möchte und vor allem, wie eine Kooperation in den Einrichtungen gestaltet werden soll. In dieser Phase der Zusammenarbeit werden die Themen konkretisiert: Was bewegt uns? Was wollen wir verändern oder erreichen? In den Berliner Tandems haben wir z.B. an den folgenden Themen gearbeitet: Transparenz der Arbeit in Kindergarten und Schule: Wie können Informationen an Eltern vermittelt werden? Wo sind Schnittstellen zwischen Kindergarten und Schule, die deutlich machen, wo die Kompetenzen der Kinder jenseits von Vorkenntnissen liegen? Wie wird eine andere Sicht auf das Kind deutlich? Was bedeutet Selbstständigkeit im Hinblick auf die Entwicklung von Kindern?

Piper: Gibt es für jede Sitzung einen bestimmten Plan oder ein Konzept, nach dem Sie vorgehen?

Geipel: Ein gewisses Konzept oder einen Plan sollte man als Moderatorin schon haben. Dieses Konzept ist aber jederzeit veränderbar und wird oft um aktuelle Probleme, Sorgen und Themen der Pädagoginnen ergänzt.

Kreid: Die Treffen sind sowohl zeitlich als auch inhaltlich von mir vorstrukturiert. Die Vorgaben sind aber nicht starr, sondern flexibel. Dies ist nötig, da je nach Bedarf auch spontan umdisponiert werden muss.

Klatt: Ich denke gerade darüber nach, wo der Unterschied zwischen Plan und Konzept liegt. Im Hinblick auf die Moderation in den Tandems würde ich sagen, dass es keinen Plan, jedoch ein konkretes Konzept gibt, das sich in den Gesprächen weiterentwickeln oder auch verändern kann. Es entsteht in den ersten Sitzungen, und zwar vor dem Hintergrund des »Ist-Zustands«. Im weiteren Verlauf sind folgende Fragen wichtig: Was wollen die Tandemmitglieder erreichen? Wie wollen sie dieses Ziel erreichen? Wie lassen sich Hindernisse auf diesem Weg ausräumen? In diesem Prozess ist es unabdingbar, alle Pädagoginnen mit einzubeziehen.

Piper: Beschreiben Sie uns bitte Ihre Rolle und Ihre Aufgabe in der Tandemsitzung.

Klewe: Meine Rolle ist zum einen die einer klassischen Moderatorin und zum anderen zumindest im Ansatz die Rolle einer Fachberaterin. Ich sehe meine Aufgabe darin, unparteilich zu agieren, Reflexionsmöglichkeiten zu bieten, kritisch zu hinterfragen, Themen aufzugreifen, darauf zu achten, dass die Pädagoginnen an ihrem Thema dranbleiben und sich nicht in anderen Themen verlieren, Ergebnisse zusammenfassen und festzuhalten, Impulse zu setzen. Moderieren bedeutet für mich, die Beiträge der Teilnehmerinnen aufzunehmen und aufzugreifen, andere Teilnehmerinnen zu ermutigen, ihre Meinung zu sagen, Diskussionen anzuregen, darauf zu achten, dass die Teilnehmerinnen sich nicht gegenseitig bewerten, und die Ergebnisse zu bündeln.

Kreid: Wir sind Experten für Fachliches, Hebammen, Katalysatoren und neutrale Gesprächspartner. Unsere Hauptfunktion besteht in der Beobachtung der Kommunikation der Teilnehmer. Diese können sich selbst nur bis zu einem bestimmten Punkt beobachten und sind für den Rest blind. Wir als Externe sehen diesen blinden Fleck und können die Tandems dabei unterstützen, ihr Grenzmanagement weiterzuentwickeln. Ich würde unsere Tätigkeit darum als »beratende Moderation« bezeichnen.

Klatt: Ich sehe die Aufgabe der Moderatorin zuerst einmal darin, den Beteiligten bei dem Prozess der Reflexion der eigenen Arbeit eine Unterstützung zu bieten, um Parallelen, aber auch Unterschiede aufzuzeigen und diese dann gemeinsam zu strukturieren. Hier wird erstmals deutlich, wie unterschiedlich Einstellungen und Sichtweisen der Pädagoginnen sein können. Die Aufgabe der Moderation ist es, den unterschiedlichen Ansätzen unparteilich gegenüberzustehen, sie aber durch Nachfragen oder ggf. durch theoretischen Input auf die Ebene der Reflexion zu holen. Die Reflexion wie auch die regelmäßigen gegenseitigen Hospitationen eröffnen dann die Möglichkeit in eine konstruktive Diskussion einzusteigen. Moderieren bedeutet dabei, Wertschätzung und Gespräche auf Augenhöhe herzustellen, wodurch die gemeinsame Arbeit an Themen oder Projekten ermöglicht und für die Pädagoginnen der Wert der bisher geleisteten Arbeit deutlich wird.

Geipel: Als Moderatorin trage ich Verantwortung für den Gesprächsverlauf. Ich achte immer besonders darauf, dass alle Pädagoginnen zu Wort kommen und dass bestimmte Gesprächsregeln, wie ausreden lassen, Zuhören usw. eingehalten werden. Moderieren heißt für mich auch, mitzuhelfen, ein Klima der gegenseitigen Achtung zu schaffen, gerade auch vor dem Hintergrund, dass Erzieherinnen und Lehrerinnen noch längst nicht gleichermaßen gesellschaftlich anerkannt werden. Am Ende fasse ich dann die in der Sitzung gewonnenen Einsichten und Erkenntnisse zusammen, dokumentiere sie und mache sie optisch für alle sichtbar.

Piper: Nicht immer ist das Aufeinandertreffen von Erzieherinnen und Lehrerinnen spannungsfrei. Wie gehen Sie mit solchen Situationen um?

Klewe: Das hängt davon ab, in welchem Ausmaß diese Spannungen zu spüren oder offen zu erkennen sind und inwieweit die Moderationen negativ beeinflusst werden oder die Kooperation behindert wird. Davon abhängig entscheide ich, ob diese Spannungen in der Moderation mittels geeigneter Methoden sichtbar gemacht werden. Wenn es zu Spannungen oder Konflikten kommt, vermittele ich nicht, sondern erarbeite gemeinsam mit den Pädagoginnen Lösungsvarianten. Dabei ist es besonders wichtig, die Rolle der Moderatorin nicht zu verlassen.

Kreid: Ich finde, dass es sehr wichtig ist, zwischen Sach- und Personenebene zu unterscheiden. Wenn Konflikte entstehen, muss geprüft werden, ob es sich hierbei um persönliche oder fachliche Differenzen handelt. Persönliche Differenzen werden, wenn möglich, nicht im Tandem besprochen, da sie die Arbeit hemmen und dort auch »nichts zu suchen haben«. Sachliche Differenzen sind der Motor der Tandemarbeit. Sie müssen zum Thema gemacht werden, auch wenn es manchmal heikel werden kann. Aber wenn wir als Moderatorinnen diese Chance nicht aufgreifen, dann unterschlagen wir eine wertvolle Ressource für die Weiterentwicklung.

Piper: Zu allen besprochenen Themen haben Sie als Pädagoginnen ja selbst eine eigene Meinung. Bringen Sie diese in das Gespräch mit ein oder lassen Sie sie außen vor?

Klewe: Ich bin in der Rolle der Moderatorin immer dazu angehalten, meine Meinung zurückzuhalten. Gebe ich diese dennoch preis, dann nur auf Wunsch der Teilnehmerinnen und mit der klaren Trennung von meiner Rolle als Moderatorin.

Kreid: Das sehe ich genauso. Denn oft ist es so, dass die Teilnehmerinnen mich explizit nach meiner Meinung fragen. Ich antworte dann darauf, mache aber deutlich, dass ich meine Rolle als Moderatorin an dieser Stelle verlasse und wirklich persönlich darauf antworte. Dies ist wichtig, denn als Moderatorin darf ich mit meiner Meinung nicht dominieren. Dennoch ist es manchmal nötig, die eigene Meinung auch als fachliche Expertin zu vertreten, vor allem dann, wenn die Teilnehmerinnen den Rat benötigen. Bewusst sein Wissen zu verschweigen, obwohl es in der einen oder anderen Situation nützlich sein könnte, ist in solchen Momenten falsch und zeugt von einer zu starren Einhaltung der Moderatorenrolle. In ponte haben wir die Möglichkeit, dieser Starre zu entgehen und auch als Experten aufzutreten.

Geipel: Da ich mit Leib und Seele Lehrerin bin, fiel es mir besonders am Anfang meiner Zeit als Moderatorin schwerer, meinen eigenen Standpunkt zu Themen des pädagogischen Alltags zurückzuhalten. Natürlich brennt mir manches unter den Nägeln, wenn ich zu bestimmten Themen und Problemen eigene Erfahrungen und Erlebnisse habe. Ich habe aber gelernt – und bewusst an mir gearbeitet – mich hier zurückzunehmen und zuzuhören.

Piper: Was sind oder waren schwere Momente in dieser Tätigkeit?

Klewe: Das sind Sitzungen, in denen die Pädagoginnen mit folgender Haltung in die Moderation kommen: »Mal sehen, was die Moderatorin heute wieder mit uns macht.« Haben die Pädagoginnen keine eigenen Erwartungen an ein Treffen, ist es wirklich schwer oder gar unmöglich zu moderieren.

Klatt: Ich finde es schwierig, wenn der Gesprächsfluss zum Erliegen kommt oder es gibt heimliche Erwartungen der Tandems, die jedoch kaum benannt oder ausgesprochen werden.

Geipel: Die ersten Monate waren die Zeit des Lernens – auch für mich als Moderatorin. Ich musste in diese Rolle erst hineinwachsen. Das war ein Prozess. Ich habe im Verlauf der Zeit immer besser herausgefunden, welches konkret meine Aufgaben als Moderatorin sind: Hier waren die Schulungen an der Freien Universität Berlin eine große Hilfe. Schwere Momente waren am Anfang das Nichteinhalten von Terminen von Tandems und auch das schwierige Zustandekommen von regelmäßigen Tandemterminen.

Piper: Bitte berichten Sie uns von einem Erfolgserlebnis Ihrer Arbeit als Moderatorin.

Klewe: Für mich ist es ein großes Erfolgserlebnis, dass eine Grundschule und die dazugehörige Kindertagesstätte, die einst auf einem gemeinsamen Gelände angesiedelt waren und bis zum Programmbeginn nur sehr wenig Kontakt miteinander hatten, eine Basis gefunden haben, auf der sie einen regelmäßigen konstruktiven Austausch pflegen, der den Kindern zugute kommt.

Geipel: Wenn in der Auswertung des ponte-Programms von meinen Tandems eingeschätzt wird, »dass die Moderatorin eine wichtige Hilfe war auf dem gemeinsamen Weg, dass sie immer wichtige Impulse in ihrem Rucksack dabei hatte«, dann ist das für mich ein sehr großer Erfolg.

Moderation – eine Methode zur Begleitung von Kooperationsprozessen

Bianca Kreid

Die Forderungen nach einer verbesserten Kooperation von Kindertageseinrichtungen und Grundschulen appellieren an die Bereitschaft und Motivation der Pädagoginnen und Pädagogen, sich und »ihre« Organisationen lernend weiterzuentwickeln, und verorten den Gewinn, die erfolgreiche Wirkung der Kooperation, am erwartbaren Bildungserfolg des einzelnen Kindes. An dieser Stelle kann nicht diskutiert werden, ob die Kausalität, die hier unterstellt wird, auch faktisch existiert. Sicher ist jedoch, dass Grundschulen und Kindertageseinrichtungen den an sie gerichteten Anspruch ohne Unterstützung von außen kaum realisieren können.

Die Aufgabe der prozessualen Begleitung und Unterstützung der Tandems wird im Programm ponte durch eine Moderatorin oder einen Moderator übernommen. Systemisch gesprochen könnte man sagen: Ohne Moderation kein Tandem und ohne Tandem keine Moderation. Warum aber macht es in einem Programm wie ponte Sinn, sich für eine Moderation zu entscheiden? Wie lassen sich die Wirkungseffekte der Moderation beschreiben?

Es gibt nur wenige fachlich-analytische Ausarbeitungen über Aufgabe, Funktion, Rolle und Leistung der Moderation bzw. der Moderatorin in pädagogischen Organisationen. Üblicherweise wird Moderation wie folgt definiert:

»Moderation bedeutet im ursprünglichen Sinne Mäßigung und steht in der Moderationsmethode für: eine spezifische Grundhaltung des Leiters/Moderators, die Arbeit nach einer bestimmten Methodik, die Verwendung spezieller Hilfsmittel und Materialien.« (...) »Der Moderator ist der Leiter oder Führer einer Gruppe. Sein Stil, die Gruppe zu leiten, ist gekennzeichnet durch eine spezifische Grundhaltung, die er besitzt oder um die er sich sehr bemüht: Er versteht sich als Helfer, um nicht zu sagen als Diener einer Gruppe. Aus diesem Grundverständnis heraus sagt er nicht, was (aus seiner Sicht) richtig oder falsch zu tun oder zu unterlassen ist, sondern hilft der Gruppe eigenverantwortlich zu arbeiten, d.h. die Lösungen für Fragen oder Probleme selbst zu finden und gegebenenfalls geeignete Maßnahmen zur Problemlösung zu beschließen. Der Moderator ist Methodenspezialist, nicht aber inhaltlicher Experte.«[1]

Merkmale der Moderation sind:

- Sie wird aufgrund eines bestimmten Anlasses installiert, gebucht oder eingekauft (hier um den Kooperationsprozess von Kindertageseinrichtung und Grundschulen zu begleiten und zu unterstützen).
- Sie stellt eine Form »externer Beobachtung« der Einrichtungen dar, denn die Moderatorin gehört nicht zu den Mitgliedern der Einrichtung. Ihre Funktion besteht in der Beobachtung und Reflexion der Selbstbeobachtungsprozesse der Einrichtungen. Die Moderatorin be-

1 Seifert, Josef W. (2007): Visualisieren, Präsentieren, Moderieren. Offenbach: Gabal, 23. Aufl., S. 7f.

obachtet, wie die Mitglieder des Tandems ihre Einrichtungen beschreiben, wie sie ihre Arbeit und die Arbeit der jeweils anderen Einrichtung beurteilen und versucht, die blinden Flecken zu sehen, die sowohl für die Grundschulen als auch für die Kindertageseinrichtungen selbst nicht sichtbar sind. Ihre Wahrnehmungen und Erkenntnisse lässt sie dann wieder in den Moderationsprozess einfließen, um die Reflexionsfähigkeit der Teilnehmerinnen zu aktivieren und anzuregen.

Laut Seibert übernimmt die Moderatorin ferner die Funktion der Hebamme, die keinen Rat erteilt, sondern begleitend unterstützt. Das heißt, eine Moderatorin agiert nur bedingt als fachliche Expertin. Sie ist vielmehr Expertin in Bezug auf Kommunikationsprozesse im Allgemeinen und die methodisch strukturierte Gesprächsführung im Besonderen.

Moderation ist mit Beratung und Mediation verwandt. Alle drei stellen Hilfe- und Unterstützungsmaßnahmen dar, die aufgrund eines bestimmten Anlasses erfragt werden, indem es im weitesten Sinne um Problemlösung und Vermittlung geht. Während bei der Beratung die Beraterin als fachliche Expertin auftritt, deren Expertenrat gefragt ist, ist die Moderatorin als Expertin für Kommunikation, Gesprächsführung und Vermittlung gefragt. Die Funktion der Mediation beschreibt Messmer wie folgt: »Im ursprünglichen Wortsinn wird Mediation überall dort praktiziert, wo (neutrale) Dritte in einer Konfliktsituation intervenieren, um das Risiko weiterer Zuspitzung zu mindern.«[2] Eine Moderatorin kann sich Methoden der Mediation bedienen, wenn der gegebene Anlass dies erfordert.

Die Moderation hat einen pädagogischen Charakter, da sie die Vertreter der Institutionen in ihrer Selbstorganisation und ihrem eigenverantwortlichen Handeln unterstützt oder herausfordern will, indem sie diese auf dem Weg dahin begleitet, blinde Flecken sichtbar macht, selbst jedoch keine Ratschläge gibt und kein Wissen vermittelt.

Wie verhält es sich mit dieser Unterscheidung in ponte? Wie wird in ponte die Funktion der Moderation beschrieben, und wie nimmt eine Moderatorin ihre Rolle in den Tandemtreffen wahr?

Moderation in ponte

In ponte wird Moderation in einer sich etwas von der oben beschriebenen Form unterschiedenen Weise genutzt. Im Programm werden die Methoden Moderation, Beratung und Mediation nicht systematisch getrennt, sondern bis zu einem gewissen Grad vereint. Dies zeigt sich z.B. in folgendem Zitat: »Die einrichtungsinterne Beratung ist zuerst Aufgabe der lokalen Moderatorinnen bzw. Moderatoren von ponte. Sie werden nach Bedarf durch externe Berater mit Spezialkenntnissen und -kompetenzen sowie die Mitglieder der FU-Projektgruppe unterstützt.«[3] In ponte sind die Moderatorinnen in fachlicher Hinsicht Expertinnen und in methodischer Hinsicht sowohl Moderatorinnen als auch Beraterinnen und Mediatorinnen. Die umfassendere Bedeutung, das größere Aufgabenprofil der Moderation und die Komplexität des Aufgabenfeldes werden so gekennzeichnet: »Sie bringen Kindergärten und Grundschulen zusammen, organisieren

2 Messmer, Heinz (2001): Mediation. In: Otto, Hans-Uwe; Thiersch, Hans (Hrsg.): Handbuch Sozialarbeit, Sozialpädagogik. Neuwied: Kriftel, S. 1170.

3 Dreier, Annette u.a. (2004): ponte – Kindergärten und Grundschulen auf neuen Wegen. Teil 1: Konzeption für ein Forschungs- und Entwicklungsprojekt. Berlin: Internationale Akademie für innovative Pädagogik, Psychologie und Ökonomie an der Freien Universität Berlin – INA gGmbH, S. 16.

den fachlichen Austausch, achten auf Zielerreichung und vermitteln bei Konflikten und Widerständen.«[4] Das kann dazu führen, dass – laut Hoffmann – Moderatorinnen einen mehrfachen Spagat zu leisten haben:

»Sie sollen einerseits ermutigen, aber andererseits auch auf Qualität achten. Sie müssen neutral bleiben und dürfen bei Konflikten nicht Partei ergreifen, aber sie vertreten auch ein pädagogisches Programm. Sie sind die Mittler zwischen Theorie und Praxis und werden von beiden Seiten in Anspruch genommen. Sie sollen die Ideen der Einrichtungen realisieren helfen und sind Fachleute mit einer eigenen Meinung, die nicht jede Idee gleich gut finden.«[5]

Der zu leistende Spagat entsteht durch die situationsbedingte Entscheidungszumutung, ob nun moderiert, beraten oder vermittelt werden soll. Dies erfordert von den Moderatorinnen und Moderatoren eine hohe Reflexionsfähigkeit und eine ausgeprägte kommunikative Kompetenz, deren Aufgabe immer wieder darin besteht, transparent zu machen, in welcher Rolle argumentiert wird. Für die Tandemteilnehmerinnen als Delegierte der Kindergärten und Grundschulen kann die Methodenkombination zu Irritationen führen, denn aus ihrer Perspektive ist es rätselhaft, warum die Moderatorin mal berät, dann wieder sagt: »Ich bin Moderatorin, keine Expertin. Sie sind selbst Experten, entscheiden Sie!«, und es ein anderes Mal so scheint, als wolle sie ihren Willen bzw. die konzeptionellen Rahmenvorgaben von ponte einhalten und durchsetzen. Diese Aufgabenmischung birgt ein Risiko für die Kommunikation in der Tandemarbeit, aber auch eine enorme Chance. Den Moderatorinnen und Moderatoren ist es auf diese Weise möglich, auf unterschiedlichen Ebenen zu kommunizieren:

- auf der persönlichen Ebene,
- auf der fachlich-inhaltlichen Ebene,
- und auf der sachlich-strukturellen Ebene.

Die persönliche Ebene

Im Laufe des Programms, dessen Laufzeit je nach Region zwischen anderthalb und vier Jahren beträgt, lernen sich nicht nur die Erzieherinnen und Lehrerinnen sehr gut kennen, sondern auch die Moderatorin lernt beide Gruppen kennen und umgekehrt. Es entsteht oft ein Vertrauensverhältnis, dessen Basis in der kontinuierlichen Prozessmoderation begründet ist. Dies hat zwar einerseits zur Folge, dass die von Seibert geforderte neutrale und objektive Haltung an Stabilität verliert, aber auf der anderen Seite ein Wissen von- und umeinander entsteht, das für den Prozess eines Programms wie ponte sehr wertvoll ist. Die Moderatorinnen und Moderatoren kennen »ihre« Einrichtungen, wissen um deren jeweils unterschiedliche Ausgangslagen, Probleme und Schwierigkeiten, Entwicklung und Potential und können passgenau darauf reagieren. Des Weiteren wissen sie um persönliche Vorlieben und Befindlichkeiten der einzelnen Tandemteilnehmerinnen und können die Kommunikation entsprechend steuern und bei Konflikten vermitteln. Notwendig dafür ist neben der formalen Ermächtigung der Kontakt zu den Beteiligten und die gegenseitige persönliche Akzeptanz.

4 Hoffmann, Jeanette (2008): »...und dabei soll ich dann in der Mitte stehen«. Zur Rolle der Moderatoren in ponte. In: Betrifft KINDER, 5. Jg., H. 03-04. S. 38-41.

5 Ebd.

Die fachlich-inhaltliche Ebene

Diese Ebene käme kaum bzw. gar nicht zum Tragen, wenn die Moderatorin ausschließlich moderieren und nicht auch beraten würde. Hier zeigt sich ihre fachliche Expertenfunktion. Die Moderatorin hat sowohl Kenntnisse in Bezug auf Kindertageseinrichtungen und Grundschulen allgemein, frühkindliche Bildungs- und Kindheitstheorien als auch organisatorisch-strukturelle Theoriekenntnisse und Wissen um die rechtlichen Rahmenbedingungen. Dieses Wissen kann sie in den Moderationsprozess einfließen lassen, da das ponte-Konzept dieses explizit von den Moderatorinnen einfordert. Das heißt, in ponte ist die Moderatorin immer auch als fachliche Expertin gefragt. Der Vorteil besteht in der situationsbedingten Wahlmöglichkeit, entweder als Moderatorin oder als Beraterin zu agieren. Genau dies erfordert aber von jeder Moderatorin und jedem Moderator, in der Situation die adäquate Rolle zu wählen. Eine hohe Beobachtungsgabe und Reflexionsfähigkeit sind dafür notwendige Voraussetzungen.

Die sachlich-strukturelle Ebene

Laut Seifert ist die Moderatorin Leiterin oder Führerin einer Gruppe. Dies trifft auch für ponte zu. Die Moderatorin setzt gemeinsam mit dem Tandem den organisatorischen Rahmen. Sie entwickelt zeitliche Rhythmen, formt die Tandemarbeit zu einer zwar schwach institutionalisierten, aber dennoch regelgeleiteten organisatorischen Einheit und sorgt für die Einhaltung des gesetzten Rahmens. Ziel des Programms ponte ist aber, dass sich die Moderatorin bzw. der Moderator mit der Zeit »überflüssig« macht. Das heißt, es geht um die Befähigung des Tandems, selbstorganisiert und eigenverantwortlich arbeiten zu können. Die Nachhaltigkeit und Kontinuität der Kooperation ist oberstes Ziel in ponte, da nach der Programmlaufzeit keine Moderatorin mehr vor Ort sein wird, um den Prozess begleitend zu unterstützen. Deshalb ist es ihre Aufgabe, gemeinsam mit dem Tandem Strukturen zu entwickeln, die »tiefer liegen«. Es werden Vereinbarungen getroffen und Strukturen generiert, die von allen Tandemteilnehmerinnen, aber auch den Kolleginnen der Einrichtungen und den Leitungen getragen und unterstützt werden (z.B. verbindliche Kooperationskalender oder -handbücher; ein Gremium, das auch nach ponte weiterarbeitet usw.), um die Kooperation auch langfristig zu sichern. Dies erschwert die Arbeit einer Moderatorin, da sie entscheidet, wann sie hilft, wann sie als »Hebamme« fungiert und vor allem wann sie sich zurücknimmt und das Tandem »machen lässt«.

Das Tandem und die Moderatorin fungieren als Spiegel der Einrichtungen. Die Einrichtungen bilden für die Moderatorin eine beobachtbare Umwelt, die sie mit ausreichend Zeit und in einem vom konkreten Handlungsdruck befreiten Raum (Stichwort: »Moratorium«) in den Blick nimmt. Gemeinsam mit dem Tandem kommt der Moderatorin die Aufgabe zu, Ideen zu entwickeln und zu erproben, als innovativer Generator und gegebenenfalls als Katalysator zu fungieren.

Moderation – Methode der Wahl zur Begleitung und Unterstützung von Kooperationsprozessen pädagogischer Organisationen?

Die vielen Anfragen von Kindertagesstätten und Grundschulen aus der Programmregion Trier, aber auch aus anderen Bundesländern, die alle nach einer Möglichkeit des Beitretens und Mitmachens in ponte fragen, verdeutlichen den hohen Unterstützungsbedarf bei der Verwirklichung der Kooperationsforderungen und -bemühungen. Wie lässt sich dieser hohe Bedarf erklären? Auf diese Frage antworten die Tandemteilnehmerinnen einhellig: »Die Motivation zusammenzuarbeiten war immer gegeben, aber im praktischen Alltag haben wir nicht die Zeit und die nötige Ruhe, die Kooperation richtig anzugehen. Wir brauchten jemanden von außen, der sagt, wann und wo wir uns treffen, und der uns den Rahmen steckt.«[6] Die Moderatorin hat somit die Rolle eines Dritten, denn sie ist nicht Erzieherin oder Grundschullehrerin, sondern ihre Aufgabe besteht in der Leitung des Tandems, das heißt, sie ist vom konkreten Handlungsdruck der Institutionen befreit und leistet somit die Einrichtung und das Aufrechterhalten eines Rahmens, innerhalb dessen die Kooperation sich verstetigen kann.

Der Bedarf zeigt sich aber nicht nur auf der konkret praktischen Ebene, sondern besteht auch innerhalb der Bildungsadministration. Auch hier gibt es eine Kluft, z.B. zwischen dem Landesjugendamt und der Schulbehörde, die auf der Verwaltungsebene Kooperationsbemühungen erschwert. Verdeutlichen lässt sich dies an einem Zitat einer Mitarbeiterin aus einer dieser beiden Behörden:

»Also wir brauchen eigentlich auch eine Moderation. Wissen Sie, im Grunde haben wir das gleiche Problem wie die Kindergärten und Schulen – halt nur auf der administrativen Ebene. Wir wissen auch nicht, was die da drüben so genau machen oder wie deren Rahmenbedingungen aussehen. So ein moderiertes Tandem zwischen uns, dass wäre mindestens genau so sinnvoll.«

In ponte hat sich die Figur des »moderierten Tandems« bewährt (siehe die Evaluationsergebnisse im Kapitel »Entwicklungen erkennen und verstehen). Im Sinne der Optimierung von Kooperationsprozessen und deren Nachhaltigkeit kann die These formuliert werden, dass Moderation die Methode der Wahl ist, wenn es um das Managen von Schnittstellen bzw. Grenzen pädagogischer Organisationen geht. Es ist nicht das Ziel, Kindertageseinrichtungen und Grundschulen zu einer Einheit zu verschmelzen. Dies wäre aufgrund der organisatorischen Autonomie und der differenten Systemzugehörigkeit beider Institutionen auch nicht möglich. Der erste Schritt einer erfolgreichen Kooperation besteht vielmehr im Erkennen und Reflektieren der bestehenden Differenzen. Diese managen zu lernen, ist eine Kernaufgabe in ponte, die durch die Begleitung und Unterstützung von Moderatorinnen und Moderatoren realisiert wird. Die Erfahrungen in ponte unterstreichen die Wirksamkeit der Methode.

Die aktuelle Entwicklung hin zu komplexen Netzwerken, Bildungslandschaften, aber auch kleineren Verbünden und Arbeitskreisen oder Tandems benötigen eine außen stehende Person, die ihnen zumindest in der Konsolidierungsphase und je nach Bedarf zur Seite steht. Nur eine externe Person kann die blinden Flecken der pädagogischen Organisationen identifizieren und diese beim Managen der Differenzen und Grenzen adäquat begleiten, unterstützen und beraten. Die ideale Form hierfür ist die – für das Programm ponte charakteristische – Prozessmoderation.

6 Vgl. ebenso den Beitrag von Jörg Ramseger: »Sanfte Übergänge unter hohem Druck« in diesem Buch.

Über die Mühen der Ebene
Gescheiterte oder gefährdete Kooperationen

Ludger Pesch

Das Programm ponte als eine einzige Erfolgsgeschichte müheloser Zusammenarbeit von Kindergärten und Grundschulen darzustellen, wäre sicherlich nicht glaubwürdig. Man kann in den Erfolg verliebt sein, wie es bisweilen in blumigen Schilderungen von Unternehmen heißt. Viele Unternehmensberater betonen diese Strategie des Lernens am Erfolg. Das muss aber nicht bedeuten, nicht auch aus Fehlern lernen zu können und damit das »Lob des Fehlers«[1] anzustimmen. Aus Fehlern lernen erfordert jedoch, den bisweilen schmerzvollen Weg einer genauen Wahrnehmung und Analyse zu gehen.

Die Ausgangsbedingungen – kritisch betrachtet

Grundschule und Kindergarten sind lange Zeit sehr eigene Wege gegangen. Zwischen Kindergarten und Schule bestehen institutionelle Grenzen, die zunächst einmal zur Kenntnis genommen werden müssen; es wäre naiv, diese Grenze nur mit fröhlichem Optimismus überspringen zu wollen. Diese institutionelle Grenze ist durch mehrere miteinander verbundene Aspekte gekennzeichnet: Kindergärten und Schulen haben eine unterschiedliche Tradition entwickelt, die zurückreicht in ihre unterschiedlichen Entstehungsbedingungen. Während sich die Schule in Deutschland sowohl staatspolitischen wie bildungspolitischen Motiven verdankt und somit seit dem 19. Jahrhundert einen Pflichtcharakter für alle Kinder trägt, war der Kindergarten im Westen Deutschlands bis in die jüngste Zeit eine familienergänzende Maßnahme mit Ausnahmecharakter (außer im Lebensjahr unmittelbar vor der Einschulung).

Daraus hat sich ein unterschiedliches Selbstverständnis entwickelt. Der traditionelle Kindergarten verstand sich lange Zeit ausgerichtet auf die Schule, akzeptierte die Bezeichnung »Lernanfänger« für die eingeschulten Kinder und nahm die Aufwertung durch den Deutschen Bildungsrat (1970) als »Elementarbereich des Bildungssystems« kaum wahr; der moderne Kindergarten (und Hort) entwarf sich im Gegenteil dazu oft als »Anti-Schule«. Die Grundschule dagegen war sich ihres Charakters als Teil eines verpflichtenden Bildungssystems stets gewiss. Dem entsprechen unterschiedliche strukturelle Bedingungen: Der Kindergarten als freiwillig besuchte Einrichtung ist durch Trägervielfalt und Subsidiarität gekennzeichnet[2], während die Schule eine staatliche Veranstaltung in Verantwortung der Bundesländer ist. Dem folgen unterschiedliche curriculare Festlegungen: Die

1 »Lob des Fehlers« heißt eine NDR-Sendereihe von Reinhard Kahl, in der der Filmautor ungewöhnliche Reformimpulse aus Schulen und anderen Bildungseinrichtungen zeigt. »Lob des Fehlers« beinhaltet die Kritik an einer pädagogischen Haltung, die keine lehrreichen Fehler und damit auch keine Abweichungen von tausendmal erprobten, eingeschliffenen Wegen zulässt.

Grundschule besitzt einen landesweit gültigen, einheitlichen Lehrplan, während der Kindergarten im Rahmen einer sehr allgemeinen Gesetzgebung konzeptionelle Freiheit besitzt.[3]

Es wäre also schon schwer genug, diese Unterschiede zu thematisieren und sie zu bearbeiten. Doch die institutionelle Grenze ist durch einen weiteren Faktor gekennzeichnet: Es gibt ein »gefühltes« hierarchisches Verhältnis zwischen zwei eigentlich unabhängigen Institutionen. Merkmale dieser Hierarchie sind unterschiedliche Ausbildungsniveaus, eine unterschiedliche Honorierung und eine damit zusammenhängende unterschiedliche gesellschaftliche Anerkennung. Alle Merkmale tragen dazu bei, dass der Kindergarten als Institution sich eher in einer untergeordneten Position sieht. Eine solche Hierarchie muss jedoch überwunden werden, wenn es zu einer Zusammenarbeit kommen soll. Systemisch betrachtet kann man schon davon sprechen, dass hier etwas Unvereinbares zusammenkommen soll.[4]

Aspekte gefährdeter oder gescheiterter Kooperationen

Von Schwierigkeiten in der Zusammenarbeit, den zögerlichen Annäherungen und manchen Belastungen berichten schon die meisten Beiträge dieses Kapitels – letztlich immer jedoch mit einer positiven Entwicklung und optimistischen Prognosen. Manchmal aber stand die Kooperation auch »auf der Kippe« und nicht immer und nicht an allen Projektstandorten ist es gelungen, eine belastbare Zusammenarbeit zu entwickeln. Von diesen Erfahrungen soll im Folgenden die Rede sein. Es handelt sich dabei um im Kern tatsächlich erfolgte Vorgänge, die jedoch so geschildert werden, dass zum berechtigten Schutz der Beteiligten Orte und Personen nicht erkennbar sind. Dies ist die mindeste Anerkennung dafür, dass auch diese Beteiligten sich der Mühe der Ebene ausgesetzt haben. Es ist zudem anzuerkennen, dass alle sachlichen Motive zunächst legitime Interessen repräsentieren.

Nicht berücksichtigt werden in dieser Analyse relativ fixe, von den Protagonisten kaum unmittelbar zu beeinflussende Faktoren wie personale und finanzielle Ressourcen, die natürlich Einfluss auf die Reichweite und Intensität der Zusammenarbeit haben. Dies wird in mehreren anderen Beiträgen dieses Buches reflektiert. Auch habe ich es vermieden, allzu individuelle Aspekte wie z.B. nachhaltige Kränkungen oder das Motiv persönlichen Ehrgeizes zu thematisieren, obwohl in der Zusammenarbeit von Menschen solches immer auch eine Rolle spielt. Vielmehr richtet sich der Beitrag auf Aspekte mittlerer Konkretheit, die insofern leichter zu übertragen sind.

2 Die institutionellen Folgen dieser Bedingung sind oft nicht genügend bewusst. Vgl. Diskowski, Detlef (2007): Geteilte Verantwortung, Dezentralisierung und Subsidiarität als wichtige Merkmale der Kinder- und Jugendhilfe in Deutschland. In: Pestalozzi-Fröbel-Verband (Hrsg.) (2007): Frühe Bildung und das System der Kindertagesbetreuung in Deutschland. Berlin: Verlag das Netz, S. 22-27.

3 Die hier vorgenommene Unterscheidung der beiden Bereiche ist aus Gründen der Problemdarstellung sicherlich typisiert; das Programm ponte wäre nicht möglich, wenn nicht die Zeichen auf eine Annäherung der Systeme stünden. Dieser Trend zeigt sich u. a. am Beispiel der Bildungspläne der Bundesländer für den Kindergarten. Das gilt auch europaweit, vgl. Oberhuemer, Pamela (2006): Von der Kita zur Schule: Bildungspolitische Initiativen in Euroa. In: Diskowski, Detlef u.a. (Hrsg.) (2006): Übergänge gestalten. Wie Bildungsprozesse anschlussfähig werden. Berlin: Verlag das Netz, S. 48-53.

4 Vgl. den Beitrag »Kooperation als Unvereinbarkeitsmanagement« von Michael-Sebastian Honig und Bianca Kreid in diesem Buch.

Keine Gewinnerwartung

Als die Kunde von ponte und der Möglichkeit, für einen grenzüberschreitenden Dialog wissenschaftliche und praktische Unterstützung zu bekommen, vernommen wurde, waren die Pädagoginnen und Pädagogen der einen Institution sofort »Feuer und Flamme«. Sie hatten schon mehrfach – ganz im Sinne der ponte-Programmphilosophie – darüber gesprochen, dass die pädagogischen Konzepte von Kindergarten und Grundschule aufeinander bezogen werden müssten. ponte sahen sie als eine wirksame Unterstützung dafür, die Kooperation endlich beginnen zu können. Um die Bereitschaft auf der anderen Seite zu erkunden, vereinbarte die Leitung schon bald einen Gesprächstermin. Sie erzählte von den schönen Möglichkeiten, die das Programm ponte biete, und warb für eine Beteiligung der anderen Institution.

Deren Leitung konnte dem Werben nur wenig entgegensetzen. Eigentlich war man mit dem Status quo gelegentlicher Kontakte zufrieden; die Komplexität des Handlungsfeldes, in dem seit Jahren auch die Eltern zunehmend Mitgestaltungsforderungen erheben, ist ohnehin schon groß genug. Ein weiterer Kooperationspartner würde das zunehmend unübersichtliche Treiben weiter verkomplizieren und die Hoheit im eigenen Einflussbereich weiter einschränken. Andererseits formuliert ja das Landesgesetz die Forderung nach verstärkter Zusammenarbeit. Vorläufig willigte die Leitung also in die Programmteilnahme ein.

Was folgte, war eine Phase des »dialogisierenden Hinhaltens«, bis die Moderatorin den Rohentwurf eines verbindlichen Kooperationsvertrages mitbrachte. Solche Kooperationsverträge sollten in allen Tandems, die am Programm ponte teilnehmen, abgeschlossen werden. Eine Unterschrift unter den schließlich ausformulierten Vertrag wurde jedoch von der zweiten Einrichtung nicht geleistet, an diesem Punkt brach ihre Leitung endgültig die Teilnahme ab.

Rückblickend betrachtet ist erkennbar, dass diese Institution keinen Gewinn für sich erkennen konnte. Eine dauerhafte Projektteilnahme, die ja Arbeit kostet und mancherlei Gefährdung bedeutet, ist aber ohne eine konkrete Gewinnerwartung unwahrscheinlich. Selbst Altruismus der Art, dass aus subjektiver Sicht nur eine Seite von der Zusammenarbeit profitiert, trägt auf institutioneller Ebene nicht lange. Nötig wäre es stattdessen gewesen, dass in die Kooperationsvereinbarung eine formulierte Gewinnerwartung beider Seiten eingegangen wäre.

An einem anderen Projektstandort gab es eine Variante dieses Problems: Hier stimmten zwar die Leitungskräfte von Kindergarten und Grundschule der Programmteilnahme zu; sie sahen als Vertreter ihrer Einrichtungen mit Blick auf das öffentliche Image ihrer Einrichtungen einen möglichen Gewinn aus der Programmteilnahme. Auf der Ebene der Einrichtungsleitungen herrschte hier Übereinstimmung. Versäumt wurde jedoch, dies den anderen Pädagoginnen und Pädagogen zu kommunizieren. Die mit der Programmteilnahme verbundene Arbeit überließen die Leitungskräfte dann weitgehend einzelnen Mitarbeiterinnen, die aufgrund der mangelnden Unterstützung der Einrichtungsleitung in ihren Teams isoliert waren und dort wenig Resonanz fanden. Der mögliche öffentliche Gewinn war für die Teams der Einrichtungen keine erkennbare Realität.

Geringe Anerkennung und Wertschätzung

Die Ortschaft liegt im Speckgürtel einer Großstadt und profitiert vom Zuzug junger Familien. Die Trägerebene engagiert sich für eine zeitgemäße Bildungspolitik. Beide Einrichtungen – Kindergarten wie Grundschule –

hatten in ihrem Bereich in den vergangenen Jahren an mehreren Modellprojekten teilgenommen und Pädagogik wie Strukturen weiterentwickelt. Man hat sich einen Namen in der jeweiligen Fachszene gemacht. Nur – man wusste gegenseitig nichts voneinander. Die Anerkennung wurde bisher lediglich fachspezifisch ausgesprochen, nicht auf örtlicher Ebene und damit über die Fachgrenzen hinweg.

In den ersten Tandemsitzungen trafen deshalb Vertreter zweier äußerst selbstbewusster Kollegien aufeinander. Im Vordergrund stand die Betonung des eigenen, in Jahren der Entwicklungsarbeit gewonnenen Standpunktes – mit der stillschweigenden Aufforderung, diesen anzuerkennen und sich darauf auszurichten. Da dies beidseitig geschah, blieb die erhoffte Anerkennung der Gegenseite zunächst aus. In der Folge fühlten sich die Gesprächspartner in ihrem Vorurteil bestätigt, dass die andere Seite ihren Bereich schützen und gleichzeitig die Arbeit dominieren wollte.

An dieser Stelle ließ der Schwung der ersten Arbeitsphase deutlich nach, ein Abbruch der Zusammenarbeit drohte. Erst die durch die Moderatorin begleiteten, gegenseitigen Hospitationen ermöglichten die Revision lang etablierter Vorurteile; in der Auswertung kam es sogar zu zaghaften Schritten der gegenseitigen Anerkennung.

Eine andere Region, ebenfalls ländlich geprägt, doch am Ende der Welt. Auch hier gibt es reformorientierte Einrichtungen, angeführt von engagierten Leitungskräften. Beide Leitungen befürworteten die Teilnahme am Programm ponte. Eine gleichsinnige Zusammenarbeit kam aber nur schwer in Gang, denn ein persönlich gefärbter, schon lang anhaltender Hintergrundkonflikt der Leitungen sorgte für eine nervöse Grundstimmung – und dies, obwohl (oder weil) sich die Leitungskräfte sehr rasch aus der Tandemarbeit zurückzogen. Die mangelnde gegenseitige Anerkennung der Führungsfiguren und ihre Verstrickung lähmte die Arbeit der verbleibenden Pädagoginnen und Pädagogen auf beiden Seiten. Es entstanden Loyalitätskonflikte. Es fiel der Moderatorin schwer, die gemeinsame Arbeit zu verbindlichen Entscheidungen zu führen, denn Vieles stand unter dem Vorbehalt der Zustimmung der (nicht anwesenden) Leitungskräfte. Hier wird eine doppelte Nicht-Anerkennung deutlich: die der Leitungskräfte untereinander und infolge einer Nicht-Bevollmächtigung der ponte-Mitarbeiterinnen diesen gegenüber.

Mangelnde Wertschätzung wird am einfachsten durch Nicht-Wahrnehmung ausgedrückt. In einem anderen Tandem war eine Seite nur durch eine Person durchgehend vertreten. In der Folge zeigte sich, dass sie innerhalb ihres Teams weitgehend isoliert war, was die Aufnahme von Impulsen aus der Arbeit des ponte-Tandems anging. Befragungen, für die vom Tandem Fragebögen entwickelt wurden, wurden verschleppt; Anfragen wurden nicht oder nur verzögert beantwortet. Die fehlende Anerkennung erschöpfte die isolierte Protagonistin und machte den verbindenden Faden zwischen den Einrichtungen zunehmend dünner. Bis zum Ende der Programmzeit drohte dieser wiederholt zu reißen.

Die Zusammenarbeit mehrerer Personen oder Institutionen steht und fällt mit der gegenseitigen Anerkennung auf emotionaler, sozialer und kognitiver Basis.[5] Ohne diese sind gerade notwendig krisenhafte Kooperationen wie die im Programm ponte nicht durchzuhalten.

---

5 Zur Theorie der gegenseitigen Anerkennung vgl. Leu, Hans Rudolf (1999): »Die biographische Situation« als Bezugspunkt eines sozialisatorischen Subjektverständnisses. In: Leu, Hans Rudolf; Krappmann, Lothar (Hrsg.): Zwischen Autonomie und Verbundenheit, Frankfurt/M.: Suhrkamp, S. 77-107.

Geringe Information und Kommunikation

Kindergarten und Schule waren bereit, ein Tandem zu bilden. Das neue Landesgesetz schreibt nicht nur eine verstärkte Zusammenarbeit der beiden Bildungsbereiche vor, sondern regt auch – wie ohnehin bei ponte vorgesehen – den Abschluss von Kooperationsverträgen an. Schon in einer der ersten Tandemsitzungen legte eine Seite einen ausformulierten Vertrag vor und erbat die Unterschrift der anderen Seite. So einseitig die Initiative, so einseitig erschienen der anderen Seite auch Teile des Inhalts. Der vorgelegte Kooperationsvertrag wurde zurückgewiesen.

In der Folge zeigte sich, dass das Vorpreschen der einen Seite durchaus typisch ist für die Kultur dieser Einrichtung.[6] Deren Einrichtungsleitung war sehr interessiert an schnellen Ergebnissen wie Papieren oder Aktionen, die öffentlichkeitswirksam dargestellt werden könnten. Nachdenklichkeit und die gemeinsame Reflexion waren weniger gefragt. Das Interesse an einer gemeinsamen Situationsanalyse war weder erkennbar noch durch die Moderation zu wecken. Entsprechend schwer fiel es, ein Gespräch in Gang zu bringen, das auf Offenheit der Gesprächspartner angewiesen ist.

Nachhaltig angelegte Zusammenarbeit ist auf Information und Kommunikation begründet. Der Bereich des gemeinsamen Wissens und der Information übereinander darf nicht zu schmal sein, um einen Handlungsraum zu schaffen, der beide Arbeitsfelder verbindet. Auch können nur so Vorurteile oder Missverständnisse aufgeklärt werden.

Kein gemeinsames Ziel

Das Bundesland fördert in starkem Maße Modellprojekte und die Teilnahme seiner Einrichtungen. Auch für ponte wurde geworben und eine Reihe von überregional bekannten Einrichtungen wurde aufgefordert, sich am Programm zu beteiligen und sich dazu Partner zu suchen. Das zuständige Landesministerium verband damit das Motiv, seine »Leuchtturmeinrichtungen« weiter zu profilieren und konzeptionell das Thema »Übergang zwischen Kindergarten und Grundschule« in beiden Institutionen weiterzuentwickeln. Die Leuchtturmeinrichtungen hatten gleiche Ziele.

So entstand auch ein Tandem, ohne dass aber zwischen den Tandempartnern geklärt wurde, welche Ziele gemeinsam sind bzw. nebeneinander stehen könnten. Im Rahmen von gegenseitigen Hospitationen, die wie in vielen anderen Tandems am Beginn der Zusammenarbeit standen, kam es zu kritischen Anfragen der einen an die andere Institution. Damit hatte diese nicht gerechnet, ein Infragestellen der eigenen Einrichtungspraxis war nicht gewünscht. Ihr Ziel war es eher, durch gemeinsame Aktionen einen Raum auf neutralem Boden zu schaffen, der als eine Art Übergangsschleuse vom Kindergarten zur Grundschule dienen könne. In der folgenden Zeit häuften sich die Absagen, fanden zunehmend weniger Tandemtreffen statt; schließlich erklärte eine Seite ihren Austritt aus dem Programm – durch einen Brief an die wissenschaftliche Leitung des Programms.

Viele Projekte, die auf die Zusammenarbeit mehrerer Partner angewiesen sind, scheitern daran, dass es unter der Oberfläche unterschiedliche oder gar widersprüchli-

6 Aus systemischer Sicht ist dieser Befund nicht erstaunlich. Die Systemtheorie geht aus von der internen Systemähnlichkeit von Organisationen; d.h., dass sich in Einzelaspekten die Gesamtstruktur spiegelt. Vgl. Pesch, Ludger; Sommerfeld, Verena (1998): Handle stets so, dass weitere Möglichkeiten entstehen. Organisationsentwicklung in Kindertagesstätten«. In: klein & groß, H. 7-8/98, S. 6-10.

che Ziele gibt. Dies umfasst die Ebene von Visionen, Leitzielen, Mittlerzielen bis hin zu konkreten Handlungszielen. Auch hier zeigt sich, dass in die Gründung einer Projektpartnerschaft eine gemeinsame Situationsanalyse und die Formulierung einer darauf bezogenen Zielperspektive gehört. Eventuell entscheidet sich dann an diesem Punkt, dass es unterschiedliche Interessen gibt und eine Partnerschaft nicht möglich ist.

Über Macht und Ohnmacht in Reformprojekten

ponte ist ein starkes und ein schwaches Programm zugleich. Stark ist es darin, dass es auf den Veränderungswillen der Beteiligten setzt, auf ihr eigenes fachliches Interesse, ein zeitgemäßes Bildungsverständnis zugunsten der Kinder zu entwickeln. ponte verzichtet deshalb auf alle Formen administrativen »Durchstellens« von Maßnahmen und Inhalten. Es setzt auf die Initiative aller Beteiligten, mehr zu tun als nach Vorschrift und anderes als das Übliche. Und in anderen Beiträgen dieses Buchs wird belegt, dass man damit weit kommen kann.

Schwach ist ponte in seiner Angewiesenheit auf die Umsetzung vor Ort, ohne dass es einen starken, verbindlichen Flankenschutz gibt. Im Programm wird »Assistenz«, »Unterstützung« oder »Weiterbildung« angeboten. Alles dieses setzt aber voraus, dass die Beteiligten miteinander kooperieren wollen. Wenn sie den problematischen Status quo nicht ändern wollen, wenn sie sich nicht mögen und ihr Bild voneinander nicht überprüfen wollen, wenn ihr Hauptinteresse darin besteht, ihren Einflussbereich zu schützen, hat ein Programm wie ponte keine wirksame Handhabe.

ponte hat jedoch mehrere Instrumente, die zumindestens problemanzeigende und -beschreibende Qualitäten haben: Dazu gehört vor allem die Moderation, wenn sie Widersprüche benennt; dazu gehören Instrumente wie das Protokoll der Tandemsitzungen und Vereinbarungen wie die Kooperationsvereinbarung oder Jahrespläne. An ihnen lässt sich belegen, wo im o.g. Sinne getäuscht oder ausgewichen wurde.

Ein Reformprojekt, dass auf freiwillige Teilnahme setzt und das deshalb keine Sanktionsmöglichkeiten für Versagen besitzt, kann das benennen, darf es aber niemals ahnden. Es ist die Verantwortung der Beteiligten selbst, Konsequenzen zu ziehen. Politik, Gewerkschaften und alle anderen Verantwortlichen sollten flankierend dafür sorgen, dass horizontale und vertikale Mobilität im Berufsfeld leichter möglich ist.

Erzieherinnen und Lehrerinnen arbeiten zusammen

Eine transitionstheoretische Nachlese

Ludger Pesch

Die aktuelle Transitionstheorie[1] hat dem Begriff der »Schulfähigkeit« einen neuen, überraschenden Inhalt gegeben. »Schulfähigkeit« war im traditionellen Verständnis lange Zeit eine Eigenschaft des einzuschulenden Kindes. Für eine Diagnose der Schulfähigkeit wurden oft entsprechende Kriterienkataloge entwickelt, die Eigenschaften und Kompetenzen des Kindes beschreiben und eine Voraussage erlauben sollten, ob das Kind den Übergang in die Schule erfolgreich bewältigen kann.

Mit dem Einsatz solcher Test-Profile wurden mehrere Erwartungen verbunden:

- »Mit dem Profil lasse sich eine höhere Homogenität der Gruppe der Schulanfänger errreichen;
- es könne als Fördergrundlage dienen;
- es diene der Kooperation zwischen Kindergarten, Schule und Eltern.«[2]

Es muss jedoch konstatiert werden, dass diese Verfahren eine hohe prognostische Unzuverlässigkeit angesichts der Komplexität der Übergangsanforderungen besitzen. Verdeckt wird darüber hinaus eine Defizitorientierung dieser Verfahren, die Kinder mit Problemen in bestimmten Bereichen herausfiltern sollen. »Somit kommt diesen Verfahren häufig eine selektierende Funktion zu.«[3]

Mit dem neuen Konzept der Transition wird der Tatsache Rechnung getragen, dass die Übergänge zwischen den Systemen Familie, Kindergarten und Schule komplexe Wandlungsprozesse erfordern, die im Schnittpunkt von individuellen Handlungsfähigkeiten und gesellschaftlichen Handlungsanforderungen stehen. Transitionsforschung ist Schnittstellenforschung.[4] Der Schulanfang bedeutet eine tiefgehende Veränderung der Lebenszusammenhänge der Kinder und ihrer Familien. Die Transitionstheorie stellt gegen das Konzept der individuellen Schulfähigkeit eine öko-systemische Sicht, die die relevanten Lebensumwelten des Kindes und ihre Wechselwirkungen konzeptionell einbezieht.[5] In einer systemtheoretischen Betrachtung ist Schulfähigkeit ein Begriff für die Anschlussfähigkeit der Systeme Schule und Kindergarten mit Blick auf das einzelne Kind und seine Familie.[6] Anschlussfähigkeit wird in einem sinnstiftenden Dialog zwischen allen Beteiligten (Kind, Eltern, Kin-

---

1 Vgl. Griebel, Wilfried (2006a): Übergänge fordern das gesamte System. In: Diskowski, Detlef u.a. (Hrsg.): Übergänge gestalten. Wie Bildungsprozesse anschlussfähig werden. Berlin: Verlag das netz, S. 32-47.

2 Griebel, Wilfried (2006b): Transitionen zwischen Familie und Bildungseinrichtungen. In: Grundschulunterricht, 53. Jg., H. 5, S. 10.

3 ebd.

4 Vgl. Welzer, Harald (1993): Transitionen: Zur Sozialpsychologie biographischer Wandlungsprozesse. Tübingen: Edition discord.

5 Vgl. Nickel, Horst (1992): Die Einschulung als pädagogisch-psychologische Herausforderung – »Schulreife« aus öko-systemischer Sicht. In: Haarmann, Dieter (Hrsg.): Handbuch Grundschule. Band 1, Weinheim: Beltz, S. 88-100.

dergarten, Grundschule und eventuell Hort) ko-konstruiert. Schulfähigkeit wird damit zu einem konzeptionellen Ziel beider Systeme und ist eine Aufgabe aller Beteiligten – Kindergarten, Schule, Kind und Eltern. Zeitlich betrachtet, ist Schulfähigkeit damit kein Kriterium für den Tag des Schulanfangs, sondern entwickelt sich erst im Anschluss an die Einschulung.[7] Sie realisiert sich in einer gelungenen Gestaltung und Bewältigung des Übergangs – und in Deutschland muss man davon ausgehen, dass etwa ein Drittel aller Schüler hinsichtlich des Übergangs als Risikokinder gesehen werden müssen.

Die Transitionsforschung unterscheidet Entwicklungsaufgaben auf drei Ebenen:

- Entwicklungsaufgaben auf der individuellen Ebene: Der Übergang zum Schulkind stellt die Anforderung, eine neue Identität zu bilden; dieser Prozess ist mit starken Gefühlen verbunden. Aber auch für die Eltern stellen sich neue Aufgaben in Verbindung mit dem Schuleintritt.
- Entwicklungsaufgaben auf der Beziehungsebene: Aus dem vergleichsweise schützenden Raum des Kindergartens tritt das Schulkind in einen neuen Beziehungsraum der Gleichaltrigen, der es sehr viel stärker individuell fordert.[8] Es muss außerdem Beziehungen zu neuen Erwachsenen aufnehmen und auch seine Rolle in der Familie verändert sich.
- Entwicklungsaufgaben auf der Ebene der Lebensumwelten: Die Lebensbereiche Familie und Schule müssen verbunden werden. Dies ist eine Aufgabe, die sich für Kind und Eltern stellt. Beide wechseln die wichtigste pädagogische Institution, während die Pädagoginnen und Pädagogen an ihrem jeweiligen Ort verbleiben.

Dem Transitionsansatz entspricht eine Prämisse des Programms ponte: »ponte will der Erkenntnis Rechnung tragen, dass es nicht um die Schulfähigkeit des Kindes, sondern um die Kindfähigkeit der Institutionen geht.« Schulfähigkeit erfordert anschlussfähige Bildungsprozesse: »Kindergärten und Grundschulen arbeiten bei ponte folglich eng zusammen.«[9]

Von den Mühen, die die Einlösung der in der Programmbroschüre wie eine Tatsache beschriebene Kooperation bedeutet, berichten die Beiträge dieses Kapitels.

Der Beitrag »Brücken bauen« beschreibt gleich am Anfang aus Sicht der Transitionstheorie das traditionelle Desaster: Schule ist das ganz große Andere. Damit eignet sie sich für allerlei Projektionen. Sie kann sogar als Drohkulisse benutzt werden (»Warte nur, wenn du erst in die Schule kommst...«). Die Erwartungen an die Schule bilden eine Mischung aus Lust und Angst.[10] Leh-

6 Es wird oft übersehen, wie weitgehend der Schuleintritt auch in das Familienleben eingreift. Vgl. Niesel, Renate u.a. (2006): Der Übergang als individuelles Lebensereignis und Gegenstand bildungspolitischer Aufmerksamkeit. In: Diskowski, Detlef u.a. (Hrsg.), a.a.O., S. 216-229.

7 Vgl. auch Faust-Siehl, Gabriele; Garlichs, Ariane u.a. (1996): Die Zukunft beginnt in der Grundschule. Empfehlungen zur Neugestaltung der Primarstufe, unter Mitarbeit von Klaus Klemm, Frankfurt/Main: Arbeitskreis Grundschule e.V.

8 Dass in diesen sozialen Prozessen der eigentliche Entwicklungsmotor der Schulzeit liegt, zeigt Krappmann. Vgl. Krappmann, Lothar (2000): Die Entwicklung der Kinder im Grundschulalter und die pädagogische Arbeit des Hortes. In: Berry, Gabriele; Pesch; Ludger (Hrsg.): Welche Horte brauchen Kinder? Ein Handbuch. Neuwied: Luchterhand, S. 130-150.

9 Programmbroschüre ponte. Kindergärten und Grundschulen auf neuen Wegen, Berlin: Deutsche Kinder- und Jugendstiftung, 2004.

10 Zu den ambivalenten Erwartungen von Schulkindern siehe Speck-Hamdan, Angelika (2006): Neuanfang und Anschluss: zur Doppelfunktion von Übergängen. In: Diskowski, Detlef u.a. (Hrsg.), a.a.O., S. 20-31.

rerinnen schweben, wie von einem anderen Stern kommend, in die Abschlussjahrgänge des Kindergartens ein, um mit für sie fremden Kindern kurze Tests durchzuführen auf eine vermeintliche Schulfähigkeit. Und der Bruch zwischen Kindergartenalltag und Schulalltag ist spürbar. Selbst den Lehrerinnen fällt auf, wie sich die kindliche Euphorie am Schulanfang bei manchen in kurzer Zeit verflüchtigt. ponte wird für die Kindertagesstätte »Forscherinsel« und die Grundschule in Kulkwitz zu einer »Brücke«, mit der sich die Pädagoginnen und Pädagogen in die Dynamik des Übergangs einbeziehen: Jetzt verändert sich nicht nur etwas für die Kinder und ihre Familien, sondern auch die Institutionen beginnen sich zu verändern.

Eine ähnliche Situationsanalyse treffen auch die Tandems aus der Region Trier. Die Antwort der Pädagoginnen und Pädagogen besteht hier u.a. darin, dass sie den Kindern, die bisher eher die »Leidtragenden« des Übergangs waren, Möglichkeiten geben, zu gestaltenden Akteuren zu werden. Die Kinder selbst bauen die Brücken zwischen Kindergarten und Schule, indem sie im Kindergarten als Botschafter aus der Grundschule auftreten (Schweich) oder gemeinsam im Rahmen von Projekttagen arbeiten (Trier).

Dem Hinweis der Transitionsforschung, dass Eltern in starkem Maße vom Übergang in die Grundschule betroffen sind, geht das Interview mit einer Elternvertreterin nach. Es ist ein Beleg dafür, mit wie vielen Sorgen Eltern der Schulzeit ihrer Kinder entgegensehen und wie wichtig vertrauensbildende Maßnahmen sind. Das Beispiel ist allerdings ein ungewöhnlich glückliches: Nicht überall dürften sich solche strukturellen Ähnlichkeiten zwischen Kindergarten und Grundschule zeigen wie in diesem Berliner Tandem.

Indem sich Kindergarten und Grundschule in eine Kooperation begeben, verändern sie ihre bisherige Rolle als bloß abgebende bzw. aufnehmende Institution. Damit ergibt sich, dass sich den Pädagoginnen und Pädagogen dieser Institutionen auf den gleichen Ebenen Entwicklungsaufgaben stellen, wie sie oben für Kinder und Eltern beschrieben waren. Entsprechend dazu fordert die OECD in ihrer 12-Länder-Studie 2001, dass es zu den Schlüsselelementen einer qualitätsorientierten Politik der frühkindlichen Bildung gehöre, »eine starke und gleichwertige Partnerschaft zwischen dem System der Kindertageseinrichtungen und dem schulischen Bildungssystem« zu begründen.[11] Die letzten Beiträge dieses Kapitels beschreiben, wie einige dieser Herausforderungen mit Unterstützung der Moderation angegangen wurden. Erzieherinnen und Lehrerinnen sind in der Zusammenarbeit darauf angewiesen, ihre bisherigen Arbeits-Beziehungen zu reflektieren und auf eine neue Grundlage zu stellen. Dabei muss insbesondere das hierarchische Verhältnis überwunden werden, dass unabhängig von der individuellen Haltung der Beteiligten gesellschaftlich manifestiert ist. Die Pädagoginnen und Pädagogen begeben sich damit selbst in ein Transitionsgeschehen. Das gibt der Moderation die Funktion eines Schnittstellenmanagements, wie es Bianca Kreid in ihrem Beitrag beschreibt.

Dass diese komplexen und vielschichtigen Herausforderungen, die sich den Pädagoginnen und Pädagogen im Programm ponte gestellt haben, nicht immer angenommen oder bewältigt wurden, beschreibt der Beitrag »Über die Mühen der Ebene«. Deutlich wird immer wieder, wie notwendig eine hohe kommunikative Kompetenz ist, um die Distanz und Fremdheit zwischen den Institutionen Familie, Kindergarten und Grundschule zu überbrücken. Notwendig sind persönliche wie berufliche Kompetenzen auf den Ebenen der Passung der Bildungsprogrammatik, der Kooperation wie der Kommunikation.[12] Der damit geforderte Kooperationsprozess wurde gelegentlich abgebrochen, an sein endgültiges Ziel ist er wohl noch nirgendwo gekommen.

11 Vgl. Oberhuemer Pamela (2004): Übergang in die Pflichtschule. Reformstrategien in Europa. In: Diskowski, Detlef; Hammes-Di Bernardo, Eva (2004): Lernkulturen und Bildungsstandards. Kindergarten und Schule zwischen Vielfalt und Verbindlichkeit. Baltmannsweiler: Schneider Verlag Hohengehren, S. 160.

12 Vgl. Griebel (2006a), a.a.O., S. 42f.

Die Kontinuität der Bildungsprozesse sichern

Einleitung

Jörg Ramseger

Wenn Kindergärten und Grundschulen zusammenarbeiten wollen oder sollen, herrscht zunächst oft die Vorstellung vor, dass sich diese Zusammenarbeit auf ein paar Kennenlernaktionen und die Situation des Übergangs selbst beschränken könne, z. B. auf einmalige Hospitationen der Kindergartenkinder in ihrer zukünftigen Grundschule und die Gestaltung der Einschulungsfeier. Auch im Programm ponte haben viele Tandems mit dieser Vorstellung und solchen Aktivitäten begonnen. Einen professionellen fachlichen Dialog zwischen den Einrichtungen herzustellen, der über solche Anfangsbemühungen hinausging, dauerte in manchen ponte-Tandems fast ein ganzes Schuljahr. Allerdings wird im Programm ponte die weithin geläufige Erwartung, der Kindergarten habe der Grundschule in erster Linie problemlos »unterrichtbare« Kinder anzuliefern, mit Nachdruck zurückgewiesen und stattdessen auf die Notwendigkeit einer Kontinuität der Bildungsangebote von Kindergarten und Grundschule verwiesen. Nicht die Kinder müssen »schulfähig« werden, sondern die Grundschulen müssen lernen, die Lernprozesse der frühen Kindheit aufzugreifen und fortzusetzen. Dies verlangt die Bereitschaft zu Veränderungen von beiden Institutionen, Veränderungen, die an den Kern der pädagogischen Arbeit gehen und notwendigerweise auch eine Revision der Inhalte nach sich ziehen.

Die angestrebte Kontinuität der Bildungsprozesse und – am Ende – Konsistenz in den Inhalten dient der Stärkung kindlicher Entwicklung und kindlicher Kompetenzen. Um dieses Ziel zu erreichen, bedarf es einer inhaltlichen Abstimmung der Themenschwerpunkte in Kindergarten und Grundschule: Die Inhalte »durchdringen sich dann auf der horizontalen, bei zunehmender Komplexität und Differenzierung auch auf der vertikalen Ebene. Sie gruppieren sich um das sich entwickelnde und lernende Kind und sie tragen zugleich dem Bildungsauftrag der jeweiligen Institution Rechnung. Nicht die Fächer bzw. die Themen an sich stellen das Ziel dar, sondern deren Nutzung zur Stärkung kindlicher Entwicklung und kindlicher Metakompetenzen.«[1]

Was das in der Praxis bedeutet und wie eine solche Kontinuität im Alltag realisiert werden kann, wird in den nachfolgenden Beispielen aus einigen ponte-Tandems beschrieben:

- Das Tandem aus Guben (Niederlausitz) hat die ponte-Sitzungen zur Entwicklung einer »Sprachwerkstatt« genutzt. Die Kinder produzieren schon im Kindergarten eigene Bücher und erleben sich selbst als Schriftsteller. Wenn sich die Kindergarten- und die Grundschulkinder wechselseitig besuchen, ist das nicht ein einmaliger Kennenlerntag, sondern die Begegnung

1 Fthenakis, Wassilios; Preissing, Christa; Ramseger, Jörg (Hrsg.) (2005): Projektantrag für das BLK-Forschungsprojekt »Continuo«, Bozen und Berlin.

von kleinen »Werk-schaffenden« Menschen, die sich wechselseitig ihre Werke vorführen und voneinander lernen. Die Erzieherinnen haben von den Grundschullehrerinnen gelernt, die Kinder auf dem Weg in die Schriftkultur frühzeitig zu unterstützen und schon im Kindergarten Lernprozesse gezielt anzuleiten, die sie früher der Grundschule überlassen haben, weil sie damals dachten, dass sie ausschließlich Aufgabe der Grundschule seien. Und die Grundschullehrerinnen haben von den Erzieherinnen gelernt, Lebenssituationen der Kinder als Lernanlässe aufzugreifen und in den Rahmenplan-gesteuerten Unterricht zu integrieren. Dazu gehen sie auf jedes Individuum einzeln ein und befassen sich mit seinen ganz individuellen Stärken und Schwächen. Wohlgemerkt: zuerst mit den Stärken!

- Im Jenaplanhaus in Lübbenau (Spreewald) arbeiten Kindergarten und Grundschule schon seit 16 Jahren unter einem Dach. Das anderenorts vielfach als Lernform der Zukunft beschworene gemeinsame »Haus des Lernens« ist hier längst Realität. Damit ergeben sich einzigartige Möglichkeiten der Kontinuität der Bildungsarbeit vom ersten Kindergartenjahr bis zum Ende der Grundschulzeit. Die Journalistin Barbara Leitner zeigt in ihrem Beitrag, wie sich die Pädagoginnen und Pädagogen aus Kindergarten und Grundschule auf einen gemeinsamen Lernweg zu Experten für naturwissenschaftliches Lehren und Lernen begeben haben. Angeregt durch einschlägige Workshops zum Naturwissenschaftslernen im ponte-Programm, haben sie Kompetenzen entwickelt, aus den Fragen der Kinder naturwissenschaftliche Lernsituationen zu generieren, die ganz nah an der Lebenswelt der Kinder bleiben und dennoch eine hervorragende Wissenschaftspropädeutik darstellen. Auch hier zeigt sich, dass die gezielt gestaltete Kontinuität der Bildungsprozesse der Kinder auf die ständige Bereitschaft zum Weiterlernen seitens der Pädagoginnen und Pädagogen angewiesen ist und diese gleichzeitig hervorbringt. Indem sie sich selber als ständig neu voneinander und mit den Kindern Mit-Lernende erleben, sind diese Pädagoginnen und Pädagogen zugleich den ihnen anvertrauten Schülerinnen und Schülern Modelle jenes Arbeitnehmertyps, der als einziger in einer globalisierten Wissensgesellschaft Zukunftsaussichten für sich erhoffen darf. Das ist in einer strukturschwachen Region wie dem Spreewald kein unbedeutender Nebeneffekt des ponte-Programmes.

Bär Bruno auf Abwegen
Eine gemeinsame Sprachwerkstatt von Kindertagesstätte und Grundschule

Iris Feller, Anke Hausmann, Beate Herzog und Kerstin Maschke

An einem Frühlingstag saß die Igelgruppe der Kita »Waldhaus« in Guben mit ihren Erzieherinnen wieder einmal im Morgenkreis zusammen, um den Tag mit fröhlichen Liedern und Gesprächen zu beginnen. Als die Kinder von ihren Wochenend-Erlebnissen berichteten, stellte Richard einer Erzieherin unvermittelt die Frage: »Hast du wieder einmal was von ›Bär Bruno‹ gehört?« »Bär Bruno« entstammt einer Klanggeschichte und wird von der tiefsten Gitarrensaite gespielt. Seine Freunde aus dem Wald sind Reh, Hase, Eichhörnchen, Igel und Vögel, welche jeweils von einer weiteren Gitarrensaite dargestellt werden. Obwohl Bär Bruno wirklich gute Freunde hat, passieren ihm so manche Missgeschicke. Er kostet z.B. von einem Fliegenpilz, stiehlt den Honig der Bienen oder bricht im Eis des Waldsees ein. Meist hört er auch nicht genau zu, was ihm die Freunde und Kinder raten, und schon steckt er wieder in Schwierigkeiten. Die Kinder wollen ihm helfen und merken, dass sie vieles schon viel besser wissen als der große, starke Bär. Das gibt ihnen eine Portion Selbstvertrauen, und sie lieben die Geschichten sehr. Manchmal müssen sich die Erzieherinnen sehr spontan überlegen, was Bär Bruno wieder angestellt hat. Seine Verhaltensweisen entspringen dem Alltag der Kindergartenkinder.

Als ihr an diesem Morgen die Frage gestellt wurde, hatte die angesprochene Erzieherin keine spontane Idee. Entsprechend groß war die Enttäuschung, als sie sagte, dass sie aktuell nichts von Bär Bruno gehört hätte. »Wenn wir deine schönen Bärengeschichten nur mal aufgeschrieben hätten«, meinte Hella, »dann könntest du uns jetzt aus dem Bruno-Buch etwas vorlesen.«

Die anderen Kinder fanden Hellas Vorschlag großartig, und so entstand die Idee, im Kindergarten ein Geschichtenbuch zu schreiben. Alle wollten mithelfen und sich auch selbst eine Geschichte ausdenken, welche in einem richtigen Buch erscheinen sollte. Die Erzieherinnen machten gemeinsam einen Plan, wer zu welcher Zeit eine Geschichte erzählen könnte, z.B. im Morgenkreis, vor der Mittagsruhe usw.

Als Lisa als erste Erzählerin an der Reihe war, versuchte die anwesende Erzieherin so schnell wie mög-

lich, ihren Beitrag aufzuschreiben. Julia bemerkte staunend: »Du kannst ja schneller schreiben als eine Schreibmaschine.« Im anschließenden Gespräch erklärte die Erzieherin den Kindern, dass sie nichts von Lisas Geschichte verpassen wollte und deshalb beim Schreiben so schnell sein musste.

Bei der nächsten Geschichte fiel auf, dass Ben beim Erzählen kleine Pausen einlegte und dabei die Hand der Erzieherin beim Schreiben beobachtete. Die Vermutung liegt nahe, dass er den Zusammenhang zwischen gesprochenem Wort und Schrift erkannt hatte. Jedes Kind nutzte nun in den weiteren Tagen die Gelegenheit, den Freunden eine selbsterdachte Geschichte zu erzählen. Die Erzieherinnen bemerkten, dass Bär Bruno dabei allmählich in den Hintergrund rückte und es um alle möglichen Phantasien und Erlebnisse der Kinder ging. Sie ließen sie gewähren.

Die Erzieherinnen hörten den Kindern aufmerksam zu und die Kinder erinnerten sich gegenseitig daran, langsamer zu sprechen, damit kein Wort verloren gehen würde. Aber etwas fehlte noch. Die erste Geschichte wurde gedruckt und den Kindern gezeigt. Tom stellte fest: »Aber die Geschichten in unseren Büchern sehen anders aus!« Celina bemerkte dazu: »Da sind ja auch Bilder drin!« Lucas hatte die Idee: »Bei mir male ich eine tolle Eisenbahn drunter.« Auf diese Art und Weise entstand ein erstes von den Kindern verfasstes Bilderbuch.

An einem gemeinsamen Nachmittag lasen die jungen Schriftstellerinnen und Schriftsteller ihren Eltern und Geschwistern ihre Werke vor. Diese staunten nicht schlecht und spendeten reichlich Beifall. Ein Vater stellte fest: »Das ist ja ein richtiges Buch für eine Bibliothek!« Damit wurde der Grundstein für eine eigene Kin-

dergartenbibliothek gelegt. Der Gedanke wurde vom Kindergarten-Team sofort aufgegriffen, und die Erzieherinnen überlegten gemeinsam, wie man ihn kindgerecht umsetzen könnte. Die Bücher wurden farblich gekennzeichnet, um sie verschiedenen Themenbereichen zuzuordnen, z.B. lila für Märchen, grün für Naturbücher usw.

Zur feierlichen Eröffnung begrüßten die Erzieherinnen die Gäste aus der nahen Corona-Schröter-Grundschule, mit denen sie im Rahmen des ponte-Projektes zusammenarbeiten. Die Schulkinder lauschten den Geschichten der Kindergartenkinder und staunten, was letztere schon alles konnten. Die Erzieherinnen überreichten der Schule feierlich ein Exemplar des selbst gefertigten Buches und ordneten ein weiteres in der neu entstandenen Bibliothek ein. Als Überraschung schenkten die Schulkinder ihrerseits der Kita »Waldhaus« kleine selbst angefertigte Bücher und erzählten den Kindergartenkindern mit Stabpuppen vom »Kleinen Angsthasen«. Au-

ßerdem überreichten sie dem Kindergarten eine Grünpflanze für die neue Bibliothek. Dieser Tag war ein besonderer Höhepunkt innerhalb des gemeinsamen Projektes »Sprachwerkstatt«.

Für viele andere Kinder aus der Kita »Waldhaus« war das ein Anreiz, ihre Erlebnisse und Phantasien ebenfalls in Geschichten festzuhalten und sie aufzuschreiben. Die Erzieherinnen unterstützten sie dabei tatkräftig. Sie bereicherten nach und nach die Bibliothek mit Bienengeschichten, Urlaubserlebnissen, Märchen und Verschiedenem mehr. Nach der Einschulung der jungen Autorinnen und Autoren aus dem Kindergarten wurde das Projekt in der Schule weitergeführt. Auch Ben war wieder dabei. Mit einem Unterschied: Diesmal schrieb er seine Texte selbst.

Iris Feller, Anke Hausmann und Kerstin Maschke sind Erzieherinnen der Kita »Waldhaus« in Guben. Beate Herzog ist Grundschullehrerin an der Corona-Schröter-Grundschule in Guben.

»Es macht unheimlich Spaß, die Ideen der Kinder aufzugreifen!«

Andrea Friedrich, Beate Herzog

Ein Gespräch zwischen Andrea Friedrich, wissenschaftliche Mitarbeiterin im ponte-Team der Internationalen Akademie an der Freien Universität Berlin und Beate Herzog, Lehrerin an der Corona-Schröter-Grundschule in Guben.

Friedrich: Wir haben aus Ihrem ponte-Tandem eine Dokumentation mit dem Titel erhalten »Bruno der Bär« bzw. »Wir entwerfen ein Geschichtenbuch«. Uns interessiert, welchen Part die Grundschule in diesem Projekt hatte.

Herzog: Diese Sache mit dem Bär Bruno ist schon vor einiger Zeit entstanden und daraufhin ist die ganze Geschichte im ponte-Tandem weiter verfolgt worden. Wir haben unser Tandem als eine »Sprachwerkstatt« konzipiert. Wir haben uns mit den Erzieherinnen darüber ausgetauscht, welche sprachlichen Übungen in den Alltag eingebracht werden können. Dazu haben wir zum Beispiel Buchstabentabellen für die Kinder entwickelt, auch für den Kindergarten zur Ausstellung. Und dann sind die Kindergartenkinder wiederholt in die Schule gekommen, so dass wir immer eine gemeinsame Stunde hatten, wo wir Lernspiele in Vorbereitung auf den Schriftspracherwerb hatten, z. B. zur Lautbildung, phonematische Übungen, aber auch Verknüpfungen zwischen Mathematik und Sprache – wir haben das nicht getrennt. Es wurden auch schon erste Texte geschrieben. Wir haben mit der Methode »Lesen durch Schreiben« begonnen, wobei die Kinder gleich selber Texte schreiben und sich das Lesen durch das Schreiben selbsttätig entwickelt. Es ist ein ganz enges Zusammenarbeiten gewesen. Wir haben uns fast monatlich getroffen und uns zusammen Gedanken gemacht.

Friedrich: Können Sie noch einmal genauer darauf eingehen, wie diese gemeinsamen Unterrichtsstunden aussahen?

Herzog: Ich unterrichte eine »Flex-Klasse«, in der Erstklässler und Zweitklässler zusammen sind. Von der Größe der Schülerzahl habe ich das so geregelt, dass ich vor allem die Kinder der ersten Klasse einbezogen habe, so dass wir zwölf Kinder aus der ersten Klasse und zwölf Kinder aus dem Kindergarten hatten, die zusammen eine gute Gruppe bildeten.

In der Vorbereitung und Durchführung habe ich mit den Tandem-Partnerinnen ganz eng zusammengearbeitet, wobei jeder einmal eine tragende Rolle spielte. Wir haben festgestellt, dass wir Erwachsenen uns immer mehr zurücknehmen konnten, da insbesondere die Erstklässler, die relativ schnell lesen konnten, in der Lage waren, den Kindergartenkindern bestimmte Sachen selbst zu erklären. Ich habe das im Vorfeld mit den Erzieherinnen geplant und wir haben beraten, welches

Thema wir jeweils ins Zentrum stellen wollten. Anschließend habe ich das in meine Gruppe hineingetragen, den Kindern erzählt, was wir uns vorgenommen hatten, und dann haben wir gemeinsam ausgewählt, welche Lernspiele wir anbieten können. Wir haben Stationsbetrieb vorbereitet: Ein Kind war dann speziell für eine Station verantwortlich und hat den anderen erklärt, was da zu tun war. Das verantwortliche Kind war meist hoch motiviert, da hat sich auch der Schwächste getraut. Für die soziale Entwicklung der Kinder fand ich das sehr gut.

Die Kinder und die Kolleginnen aus der Kindertagesstätte brachten auch immer irgendeine Sache mit, ob das nun ein Lernspiel war, das sie selbst entwickelt hatten, oder ähnliches. Auch die Kindergartenkinder konnten sich so einbringen, etwas präsentieren und waren immer sprachlich aktiv. Da gab es keine Scheu, sie waren sehr stolz, dass sie in die Schule kommen durften und alte Freundschaften aus dem Kindergarten wieder aufnehmen konnten.

Friedrich: Ich habe Ihrer Dokumentation entnommen, dass das Buchprojekt, das im Kindergarten begonnen hat, in der Grundschule weitergeführt wurde. Wie haben Sie das angelegt?

Herzog: Die Grundschulkinder haben, wie zuvor die Kindergartenkinder ihre eigenen Geschichten erfunden. Ich finde die Erfahrung gut, wenn die Kinder erst schreiben – zum Beispiel Geschichten entwickeln. Da haben wir ganz verschiedene Sachen ausgewählt – auch für die Kindergartenkinder. Es wurden Situationen aufgegriffen oder wir haben nach Bildern geschrieben. Wir haben z. B. die »Tobi-Familie« zu Bildern erzählt, die die Kinder dann selbst beschrifteten. Und dann setzte der Fortschritt ein: Sie schrieben alle selbst ihre eigenen Geschichten! Alle Kinder konnten sich bereits im Kindergarten klar ausdrücken und konnten dann in der Schule rasch auch selber schreiben.

Hinzu kam, dass ich mit jedem Kind individuell an seinem Wortschatz, an seiner Rechtschreibung und an der Grammatik gearbeitet habe. Dabei ließ ich zunächst bewusst auch bestimmte Sachen zu, beispielsweise: »Wie ich spreche, so schreibe ich«, was in der deutschen Rechtschreibung nicht immer stimmt. Aber für den Einstieg in die Schriftkultur ist das ein wichtiger Zwischenschritt. Was ich auch schon ganz zeitig angebahnt habe ist die Arbeit mit dem Wörterbuch – zur Selbstkontrolle des Geschriebenen.

Die Kinder waren im sprachlichen Bereich nicht zuletzt durch die Vorarbeit des Kindergartens sehr gut. Sie hatten viele gute Ideen, die ich nur noch aufzugreifen brauchte. Und ich nahm sie auf und arbeitete anschließend individuell mit jedem Kind daran weiter.

Friedrich: Worin sehen Sie den Nutzen des ponte-Programms?

Herzog: Die Kinder, die in unsere Einrichtung kommen, sind mit vielen Sachen bereits vertraut, wie zum Beispiel den Lernspielen. Sie kennen sie bereits und können sie, wenn sie in die Schule kommen, schon den anderen Schülerinnen und Schülern erklären.

Was ich auch gut finde, ist diese enge Zusammenarbeit der Pädagoginnen und Pädagogen – dieses Geben und Nehmen. Ich habe von den Erzieherinnen profitiert, weil ich gesehen habe, wie intensiv sie arbeiten und welche Lernmaterialien sie einsetzen. Diese enge Bindung bezogen auf unsere »Sprachwerkstatt« hat mir sehr gut getan und ich habe viel dazugelernt. Ich konnte auch meine Erfahrung als Lehrerin einbringen und die Erzieherinnen sensibilisieren, wie wichtig es ist, dass Kinder ihre Sprache bewusst wahrnehmen, dass man z. B. auch im Kindergarten bewusst schon mal eine Anlauttabelle hinlegen kann, und dass man den Kindern, wenn sie fragen: »Ist das ein ›B‹, wie ›Bär‹?« Antworten geben kann und der Schule nichts wegnimmt. Dies habe ich auch vermittelt, und es tat den Erzieherinnen gut, weil sie so auch besser mit den Eltern ins Gespräch gegangen sind. Eltern denken ja manchmal, der Kindergarten solle der Schule nicht »vorgreifen«, sonst würden sich die Kinder in der Schule langweilen. Wir haben vermittelt, dass es nicht so ist, sondern ich als Lehrerin gut auf der Vorarbeit des Kindergartens aufbauen kann und die Kinder immer dort abhole, wo sie stehen.

Friedrich: Wenn Sie sich die Bildungsbiographie einzelner Kinder anschauen, die Sie im Projekt mitverfolgen konnten, für wie bedeutsam erachten Sie Projekte, wie sie ponte ermöglichte?

Herzog: Nehmen wir nur Jakob als Beispiel: Ich habe an dem Jungen im Kindergarten beobachtet, dass er ein ganz aufgewecktes Kind war. Es war gut, dass ich ihn schon im Vorfeld vor der Einschulung kennen gelernt hatte, um zu wissen, wie ich ihn zu nehmen habe, um gleich seine Stärken auszubauen. Er ist ein aufgewecktes, sehr temperamentvolles Kind mit vielen guten Ideen. Jakob ist besonders im mathematisch-logischen Bereich sehr aktiv und sehr gut. Im sprachlichen Bereich eher nicht, aber dadurch, dass ich ihn schon aus dem Kindergarten kannte, wusste ich, worauf ich achten musste. Ich erinnere mich, dass er nicht so recht lesen wollte – aber er war ein Fußballfreund! Da habe ich eine Fußballkartei für ihn entwickelt, daraus konnte er viel entnehmen, das hat ihm viel Spaß bereitet und da musste er auch lesen. Und ich finde es sehr positiv, dass er noch immer gern in die Schule kommt und weiterhin sehr wissbegierig ist.

Friedrich: Hatte die Zusammenarbeit mit der Kita »Waldhaus« auch Konsequenzen für Ihre eigene Arbeit?

Herzog: Was ich jetzt in der Grundschule intensiver nutze, ist das Einbringen der alltäglichen Fragen der Kinder, wie ich es in der Kindertagesstätte beobachtet hatte. Die Kinder bringen dort Ideen aus ihren Alltagssituationen in den Kindergarten ein und dann bauen die Erzieherinnen darauf auf und machen etwas daraus. Ich greife das jetzt auch auf. Ich löse mich dabei nicht gänzlich von unserem Rahmenlehrplan, aber ich bin lockerer im Umgang damit geworden. Zum Beispiel hatten wir im vorigen Jahr das Thema »Wiese« und die Kinder brachten Weinbergschnecken mit. Da haben wir das als Projekt aufgezogen und vier Wochen lang über Weinbergschnecken gearbeitet! Wir haben jeden Tag darüber gesprochen und das Thema nicht nur im Sachunterricht behandelt, sondern auch in Deutsch, Mathematik usw.

Ich finde es schön, wenn die Kinder etwas aus ihrem Alltag in das Unterrichtsgeschehen einbringen. Als Lehrer ist es nicht immer einfach, gerade bei den wenigen Teilungsstunden. Man hat den Rahmenlehrplan einzuhalten und dann bekommt man manchmal auch Bedenken: Schaffe ich alles oder löse ich mich jetzt zu sehr von den Vorgaben? Aber es macht mir unheimlich Spaß, die Ideen der Kinder aufzugreifen. Jetzt hatten wir zum Beispiel die »Entwicklung des Frosches«. Es wurden Eier mitgebracht und im Aquarium beobachtet, entdeckt, dokumentiert usw. und so das Froschleben intensiver kennen gelernt.

Dieses Experimentieren ist uns auf einem ponte-Workshop nahegebracht worden. Es hat mich schon irgendwo gewurmt, warum das im Kindergarten möglich war, aber wir es in der Schule nicht schafften. Dieses Arbeiten an den Fragen der Kinder habe ich von den Erzieherinnen der Kita »Waldhaus« übernommen. Sie haben mir Mut gemacht. Es passt ja auch in den Rahmenlehrplan! Ich finde es wirklich wichtig, dass die Kinder ihren Alltag und ihre Umwelt wahrnehmen und hinterfragen und nicht alles einfach so hinnehmen. Das findet im Kindergarten noch bewusster statt als in der Grundschule. Die Kindergartenkinder fragen und sind wissbegierig und dann überlegt man doch: Wo bleibt diese Wissbegierde stecken, wenn sie in die Schule kommen? Da sind wir im ponte-Programm ein gutes Stück vorangekommen. Wir werden deshalb auch im nächsten Jahr weiter zusammenarbeiten, wenn ponte nicht mehr durch externe Moderatorinnen begleitet wird.

»Unter Wasser ist Holz magnetisch«

Im Jenaplanhaus Lübbenau öffnen sich Kindergarten und Grundschule gemeinsam für das naturwissenschaftliche Lernen

Barbara Leitner

»Weißt du, dass Wasser eine Haut hat?«, fragt die fünfjährige Stella auf dem Weg zur Experimentierecke in ihrem Kindergarten. Vorsichtig gießt sie Wasser in einen Becher und freut sich, als es ihr gelingt, eine Flüssigkeitshaube auf das Gefäß zu setzen – ehe es irgendwann doch überläuft. »Und unter Wasser ist Holz magnetisch«, fügt Vicky an. Das hat sie kürzlich beim Forscherangebot herausgefunden, zu dem die Erzieherin und die Leiterin des Kindergartens, Ramona Schmidt, seit einigen Monaten einlädt.

Im Mittelpunkt stehen die Themen der Kinder

Kurz zuvor hatte sich das Jenaplanhaus in Lübbenau dem Kooperationsprojekt »prima(r)forscher« der Deutsche Telekom Stiftung und der Deutschen Kinder- und Jugendstiftung zum naturwissenschaftlichen Lernen im Grundschulnetzwerk angeschlossen. Für die sechs Erzieherinnen und zwölf Lehrerinnen und Lehrer verband sich damit die Chance, die mit ponte begonnenen Veränderungen in ihrem Bildungshaus weiter zu führen, erklärt Ramona Schmidt.

Entsprechend den Prinzipien des Jenaplans lernen in dem in der Altstadt von Lübbenau gelegenen Schulbau bereits seit 16 Jahren Kinder von vier bis zwölf Jahren unter einem Dach. Die Pädagogen bemühen sich, die Fragen der Kinder in den Mittelpunkt ihrer Arbeit zu stellen und es auszuhalten, wenn dabei oft andere als die von ihnen vorgedachten Wege beschritten werden. Durch ponte wurde ihnen bewusst, welche entscheidende Rolle dabei der Übergang vom Kindergarten zur Schule spielt und dass neue Brücken zwischen den beiden Institutionen gebaut werden müssen. Heute sitzen nicht nur Kindergarten- und Schulleiterin Schreibtisch an Schreibtisch in einem gemeinsamen Leitungszimmer und beraten sich einmal in der Woche miteinander. Erzieherinnen sowie Lehrerinnen und Lehrer kennen auch den Bildungsplan und den Alltag der anderen Berufsgruppe. Kein Team tagt, ohne dass das andere vertreten ist, und regelmäßig werden gemeinsame Projekte geplant und durchgeführt. Einmal wöchentlich gehen die

Kindergartenkinder die wenigen Schritte vom Kindergarten bis zum Klassenraum ihrer künftigen Stammgruppe. Dort erfüllen sie für eine halbe bis dreiviertel Stunde neben den Schulkindern die Aufgaben aus ihrem Wochenplan. Jeder von ihnen hat einen Paten in der Untergruppe, in der die Erst- bis Drittklässler lernen. Was sie in der Schule erwartet, wissen sie von den regelmäßigen Projekten und Feiern, zu denen die Großen wie die Kleinen vorführen, was sie gerade gelernt haben.

Die Pädagoginnen müssen Naturwissenschaft erst selbst noch erfahren

Bereits im Projekt ponte entschieden sich die Kolleginnen und Kollegen, die Naturwissenschaften in den Mittelpunkt der Zusammenarbeit mit der anderen Institution zu rücken. Seit dieser Zeit legt Ramona Schmidt regelmäßig den Kindern im Kindergarten Materialien zum Experimentieren bereit und gibt ihnen die Möglichkeit zu testen, was mit Gummibären im Wasser geschieht oder wie Feuerbohnen wachsen. Wenn weder die Kindergartenkinder noch ihre Erzieherin eine Antwort auf eine Frage wissen, besuchen sie die entsprechenden Fachlehrer im Unterricht. »Ich kann vieles auch nicht naturwissenschaftlich erklären. Aber gerade die Lehrerin für Naturwissenschaften bestätigt mir, dass ich einen guten Blick für die Bedürfnisse der Kinder habe und sie deshalb gern mit mir zusammenarbeitet. Das motiviert mich«, betont die Erzieherin. Dadurch gewann sie auch mehr Zutrauen, sich auf die Forscherthemen der Kinder einzulassen. Anfänglich war sie eher ängstlich. Sie glaubte, bei jedem Experiment müsse ein Ergebnis rauskommen, und vor allem, sie sei dafür verantwortlich. Als Erwachsene in einen Experimentiergarten eingeladen, fiel ihr auf, dass andere einfach etwas probierten. Sie aber überlegte, was sie herausfinden sollte und was wohl die Erklärung für diesen oder jenen Versuchsaufbau sein könnte. Damit blockierte sie sich selbst in ihrem Forscherdrang.

Mit der Zeit lernte sie, sich selbst zurückzuhalten und es den Kindern zu überlassen, was sie entdecken und wie sie das Ergebnis einordnen. Deshalb nimmt sie es auch gelassen hin, dass die kleine Vicky vorläufig Holz für magnetisch hält. »In ihrem Experiment sah sie, dass der Bauklotz unter Wasser am Magnet kleben blieb. Ihr mit meiner Erwachsenenerklärung diese Beobachtung auszureden, wäre töricht. Eines Tages wird sie sich selbst korrigieren«, fasst die Pädagogin ihre neuen Einsichten als »prima(r)forscherin« zusammen.

Kindergarten und Schule organisieren gemeinsame Projekte

Es ist der zweite Tag des schulübergreifenden Arbeitens zum Thema »Wald«. Die Viert-, Fünft- und Sechstklässler stimmten sich im Fach Naturwissenschaft mit einem Film über die verschiedenen Schichten des Waldes auf das Thema ein. In den kommenden zwei Wochen werden sie sich mit unterschiedlichen Fragestellungen des Pflanzenwachstums beschäftigen. Dazu nehmen sie zunächst Bohnensamen, um exemplarisch zu untersuchen, wie sie keimen. Danach werden sie eigene Themen suchen, die sie vertiefen wollen.

Die Kindergartenkinder gestalteten bereits am Vortag ihren Wald auf einer zwei Meter langen Plakatwand. Während einer Schulfahrt vor ein paar Wochen führte ein Förster Kinder des Jenaplanhauses durch einen Wald. Das Erlebnis ist noch gegenwärtig. Im Morgenkreis erwähnen die Mädchen und Jungen Eulen und Füchse, Rehe und Hasen, Moose und Pilze. Über die

Ameise entspinnt sich ein kurzes Gespräch. »Ich bin schon einmal auf eine Ameise getreten. Die hat mich angepullert«, berichtet ein Mädchen. Ein Junge sagt, dass die Ameise auf ihrem Rücken Steine und Blätter trägt. »Schwerere Sachen als ihr eigenes Körpergewicht«, ergänzt die Erzieherin Cindy Bachmann. Dann malen die Kinder frei oder auf einem Arbeitsblatt ihr Tier oder ihre Pflanze, schneiden das Bild aus und kleben es auf ihr großes Plakat vom Wald. »Was gefällt euch daran?« fragt die junge Frau nach getaner Arbeit. »Ich wollte, dass sie selbst wertschätzen, was sie in der dreiviertel Stunde geleistet haben«, begründet sie ihre Art der Zusammenfassung. Sie wollte das Thema nicht inhaltlich vertiefen. Ihr liegt es mehr, das Thema Wald musisch-kreativ umzusetzen oder zu Sportspielen wie »Fuchs und Hase« einzuladen. »In die Forscherarbeit wachse ich erst langsam hinein«, sagt sie zu ihrem eigenen Verhältnis zum naturwissenschaftlichen Lernen – noch durch ihre Erinnerungen an einen viel zu theoretischen Unterricht während ihrer Schulzeit gebremst. Heute zu erleben, wie unbefangen die Kinder sich Phänomenen der natürlichen Welt nähern, hilft ihr, sich selber mehr zuzutrauen. »Den Kindern genügt es, wenn wir ihnen Materialien zur Verfügung zu stellen. Dann schauen sie ohne Scheu, was passiert. Dadurch lerne ich auch.«

Schulkinder gehen als Experten in den Kindergarten

Gerade besuchten die Schüler aus den »Mittelgruppen« – so heißen hier die altersgemischten Gruppen der vierten bis sechsten Klassen – ihre Kindergartengruppe und die Untergruppen. Sie zeigten den Kleinen, wie man Stärke in Lebensmitteln nachweist. Das ist eine Form

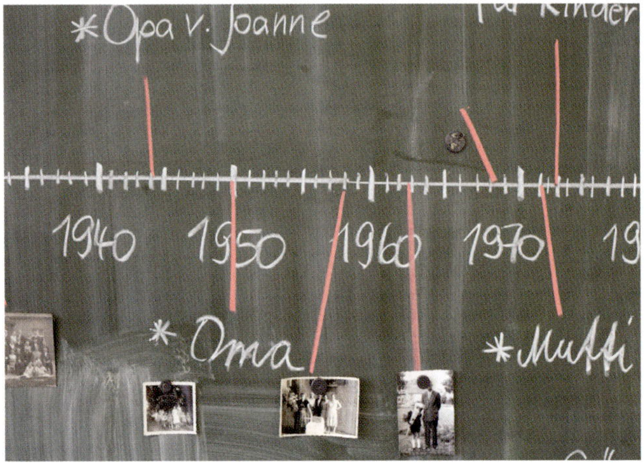

der Würdigung für die Gruppenarbeit der Schüler: als Experten zu den Jüngeren gehen zu dürfen. Ein Präsentationstraining ist es obendrein. Die Kleinen erfahren etwas Neues und bekommen frühzeitig eine Ahnung, was die Großen jenseits der Glastür im anderen Teil des Lernhauses tun.

Ganz gewiss werden auch zum Abschluss des projektorientierten Lernens zum Thema »Wald« in zehn Tagen einige der Schulkinder ihr selbst gewähltes Thema im Kindergarten vorstellen – oft übrigens zu ganz speziellen Fragen, zu denen sich auch nicht jeder Lehrer gut auskennt. Denn durch die Arbeit in den Stammgruppen begleiten nicht nur die Fachlehrer für Naturwissenschaften die Kinder bei ihrer Forschungsarbeit, sondern auch Fachlehrer für Deutsch, Englisch und Musik. »Das heißt für uns, die Themen genau zu planen und immer den Raum zu schaffen, Fragen aus den Stammgruppen an den entsprechenden Kurs in der Jahrgangsstufe zu geben und uns mit endgültigen Bewertungen zurückzuhalten«, erklärt die Lehrerin für das Fach Naturwissenschaft, Gabriela Wimmer. Sie erinnert sich, wie zu Beginn der ponte-Zusammenarbeit eine Kindergartengruppe mit ihrer Erzieherin zu ihr in den Unterricht kam und wissen wollte, ob Bienen im Wasser schwimmen oder untergehen. »Die Kinder interessierte dabei nicht, dass diese Tiere Atemöffnungen haben, die mit Wasser voll laufen. Wichtiger als die wissenschaftliche Erklärung war für sie die Erfahrung: Obwohl Bienen in einer Pfütze oder einem Wasserglas zunächst zappeln und so etwas wie Schwimmbewegungen machen, gehen sie doch unter. Das konnten sie überprüfen.«

In diesem Sinne suchen die Erzieherinnen sowie die Lehrerinnen und Lehrer auch jetzt ihren gemeinsamen Weg. Beispielsweise entschieden sie sich gegen ein Angebot einer Mutter, die bereits mit Kindergartenkindern Zwiebelschalen mikroskopieren wollte, ein Versuch, den die Erwachsene spannend fand. »Die Kinder können die dabei sichtbar werdenden Zellen noch gar nicht zuordnen. Deshalb lassen wir uns bei unserer Themenwahl eher von den Fragen der Kinder leiten.«

Mit kindlicher Neugier begleiten die Erwachsenen die Kinder beim Experimentieren

»Wir wollen für Naturwissenschaften aufgeschlossene Kinder in der Oberstufe haben und vor allem Mädchen für Biologie, Chemie, Physik, Mathematik interessieren«, erklärt Holger Druve, Lehrer für Naturwissenschaften und Mathematik, warum er nach der Beteiligung an den ponte-Workshops zur Naturwissenschaft jetzt im Nachfolgeprojekt »prima(r)forscher« gemeinsam mit seinen Kolleginnen und den Erzieherinnen an einem Tisch sitzt. Mädchen meinen oft, Naturwissenschaften seien nichts für sie, beschäftigen sich aber gerne mit Tieren und Pflanzen. Also lässt er sie mit eingefärbtem Wasser probieren, wie die Flüssigkeit den Stiel einer Blume empor steigt und damit etwas von der Kapillarität verstehen. Und plötzlich finden auch die Mädchen physikalische Phänomene spannend. »Wir suchen viel mehr solcher Zugänge, durch die die Kinder etwas über die Natur begreifen«, meint der erfahrene Lehrer. Hilfreich fand er den Hinweis auf einer Fortbildung, statt nach dem Warum nach dem Wie zu fragen: ›Wie trinkt die Blume Wasser?‹ Nicht ›Warum‹! Auch Erwachsene machen bei Experimenten ungleiche Erfahrungen: sind verschieden schnell, beobachten abweichende Dinge, haben unterschiedliche Ideen. »Wenn wir bei der Beobachtung bleiben, erreichen wir auch viel leichter die kindliche Ebene, auf der es lebendig wird«, erlebte Schulleiterin Carola Groß bei der Fortbildung. »Da entwickeln sich plötzlich Neugier und Ideenreichtum.« Selbst sie als Erwachsene, herausgefordert, neue Maßeinheiten zu erfinden, überlegte, wie oft eine Hand oder ein Fuß in ihren Körper passt. »Solche Antworten tun wir im Alltag schnell als Blödsinn ab. Aber sie sind die Voraussetzung, damit etwas Neues entsteht.«

Vor allem im Frühhort, wenn sie auch die Dritt- und Viertklässer betreut, erlebt die Erzieherin Ramona Schmidt mitunter, dass ihr einige Kinder mit kühnen Thesen von neuesten wissenschaftlichen Erkenntnissen gegenübertreten, die sie im Fernsehen aufschnappten. Inzwischen lässt sich die Mutter zweier erwachsener Kinder davon nicht mehr erschrecken. Sie fragt dann bei den kleinen »Experten« nach: »Ist das wirklich so? Kann das stimmen? Nächste Woche treffen wir uns wieder. Lass uns bis dahin deine These überprüfen und schauen, welche Argumente wir finden!«

Und so wie die Erwachsenen begreifen auch die Kinder: Forscher zu sein, heißt nicht zuerst Antworten auf abstrakte und häufig lebensferne Aufgabenstellungen zu wissen, sondern immer neuen Fragen auf den Grund zu gehen.

Die Kontinuität der Bildungsprozesse sichern
Eine bildungstheoretische Nachlese

Jörg Ramseger

Am Übergang vom Kindergarten zur Grundschule stand in Deutschland lange Zeit zunächst die Frage nach der »Schulreife«. Die traditionelle und im heutigen Alltagsverständnis weiterhin stark verbreitete Vorstellung von »Schulreife« oder später »Schulfähigkeit« betonte dabei vorwiegend die Anpassungsleistungen und die Entwicklungsarbeit, die das Kind beim Übergang vom Kindergarten in die Grundschule zu leisten habe. »Schulfähigkeit« ist diesen konventionellen Theorien zufolge eine Eigenschaft des Kindes: Das Kind soll diverse Kompetenzen in die Schule mitbringen, damit es möglichst einfach und widerstandslos unterrichtbar ist: Es soll über längere Zeiträume gesittet am Tisch sitzen können, seinen Harndrang selbst kontrollieren können, einfache Anweisungen der Lehrerin rasch und unkompliziert ausführen können, Schleifen binden und mit Stiften und Scheren umgehen können, ohne sich und andere an Leib und Leben zu gefährden.[1] Welche Bildungserfahrungen und welche intellektuellen Kompetenzen es vom Kindergarten in die Grundschule mitbringt, hat die Grundschule früher wenig interessiert. Alle wesentlichen Bildungsprozesse begannen nach dem überkommenen Selbstverständnis der Grundschule ohnedies erst mit der Einschulung.

In der modernen Transitionsforschung, aber auch in der wissenschaftlichen Grundschulpädagogik gilt – wie im Beitrag von Ludger Pesch weiter ausgeführt[2] – diese Sichtweise auf den Übergang seit etwa 20 Jahren als überholt: »Schulfähigkeit« wird jetzt öko-systemisch gesehen und ist nicht mehr eine Kompetenz des Kindes, sondern eine Kompetenz eines gemeinsam handelnden sozialen Systems von Schule, Kindergarten, Eltern und Kind.[3] Gleichwohl konzentriert sich die Transitionsforschung überwiegend auf die Chancen und Risiken solcher Transitionen, auf Stressfaktoren und Stressbewältigungsstrategien und die psychischen Verarbeitungsstrategien von Kindern und Familien für diesen Übergangsprozess im Kontext eines systemisch betrachteten und gemeinsam konzipierten sozialen Ereignisses.

Damit die Anpassungsleistungen, die das Kind beim Transfer von der einen in die andere Institution zweifellos vollbringen muss, zu einer bereichernden Erfah-

1 Vgl. die sehr gute Übersicht zur Theorie der Schulfähigkeit bei Gisela Kammermeyer: Schulfähigkeit. In: Faust-Siehl, Gabriele; Speck-Hamdan, Angelika (Hrsg.) (2001): Schulanfang ohne Umwege. (Beiträge zur Reform der Grundschule Bd. 111), Frankfurt: Der Grundschulverband, S. 96-118.

2 Vgl. den Beitrag von Ludger Pesch »Erzieherinnen und Lehrerinnen arbeiten zusammen. Eine transitionstheoretische Nachlese« in diesem Band.

3 Vgl. Nickel, Hans (1990): Das Problem der Einschulung aus ökologisch-systemischer Perspektive. In: Psychologie in Erziehung und Unterricht, 37. Jg., H. 3, S. 217-227. Griebel, Wolfgang; Niesel, Renate (2004): Transitionen. Fähigkeit von Kindern in Tageseinrichtungen fördern, Veränderungen erfolgreich bewältigen. Weinheim: Beltz. Faust-Siehl, Gabriele; Garlichs, Ariane u.a. (Hrsg.) (1996): Die Zukunft beginnt in der Grundschule. Empfehlungen zur Neugestaltung der Primarstufe. Reinbek: Rowohlt.

rung werden, ist es allerdings nach Auffassung des ponte-Teams nicht gleichgültig, ob und wie die Grundschule die Bildungserfahrungen aufgreift, die die Schulanfänger aus der vorschulischen Sozialisation mitbringen. Ignoriert die Schule diese Erfahrungen, werden nicht nur die Lernleistungen der Kinder aus der frühen Kindheit verkannt und letztlich missachtet, es wird auch ein erhebliches Lernpotenzial verschenkt. Das Kind kommt eben nicht als »tabula rasa« in die Schule, sondern als ein (meist) aufgewecktes und wissensdurstiges Wesen, das schon fünf oder sechs Jahre lang intellektuelle Höchstleistungen vollbracht und sich dabei nicht nur einen beliebigen »Reim auf die Welt« gemacht, sondern bereits kulturelle Systeme wie die Muttersprache, meist auch schon Anfänge von Schriftsprachlichkeit, mathematische Systeme und erste naturwissenschaftliche Interpretationsmuster der Welt selbst angeeignet hat.

Viele Lehrerinnen und Lehrer der Schulanfangsphase bemühen sich heute, schon frühzeitig viele Informationen über die Interessen und Begabungen der Schulanfänger zu bekommen, um mit ihren Lernangeboten möglichst bruchlos daran anknüpfen zu können. Wir haben aber im Programm ponte mehrfach auch erlebt, wie überraschend unwissend manche Lehrerinnen und Lehrer an der Grundschule in Bezug auf die vor-schulischen Bildungsangebote und Lernkompetenzen ihrer Erstklässler waren – und wie erstaunt sie diese zur Kenntnis nahmen, wenn Sie dann im ponte-Tandem in den Kindergärten hospitiert haben. Spätestens mit der Einführung der aktuellen Bildungspläne für den Elementarbereich in allen Bundesländern seit etwa 2004, die endgültig alle Kindergärten zu Bildungseinrichtungen erklärt haben, ist eine solche Unkenntnis fachlich nicht mehr angemessen.

Als Annette Dreier, Christa Preissing, Jörg Ramseger und Jürgen Zimmer 2003 ponte konzipierten, war ihnen diese Situation natürlich vertraut, zumal ja einige dieser Bildungsprogramme an der Internationalen Akademie entwickelt worden sind. Die ersten Programmpapiere zu ponte legten daher gleich einen Schwerpunkt auf die Förderung der Kontinuität der Bildungsprozesse und die Curriculumentwicklung im Übergang vom Kindergarten zur Grundschule.[4] Die Autorinnen und Autoren gingen davon aus, dass Kooperation zwischen Kindergärten und Grundschulen angesichts der jüngeren Entwicklungen in beiden Bereichen eigentlich kein großes Problem sei. Sie würde insbesondere dann schnell zu erfolgreichen Ergebnissen führen, wenn beide Einrichtungen frühzeitig beginnen würden, die bildungsrelevanten Lebenssituationen der Kinder im Alltag gemeinsam zu definieren, die am jeweiligen Standort virulent sind, um, daran anknüpfend, individuell und gesellschaftlich bedeutsame Bildungserlebnisse für die ihnen anvertrauten Kinder zu gestalten. Aufbauend auf der Tradition des im Elementarbereich bewährten »Situationsansatzes« planten wir, Pädagoginnen und Pädagogen darin zu schulen, auch in der Grundschule an die lebensbedeutsamen »Schlüsselsituationen« der Kinder anzuknüpfen und die in den Rahmenlehrplänen geforderten Kompetenzen in der Arbeit an solchen Schlüsselsituationen zu erarbeiten. Die von Klafki[5], aber auch von Faust-Siehl und anderen[6] empfohlene thematische

4 Vgl. Dreier, Annette u.a. (2004): Kindergärten und Grundschulen auf neuen Wegen. Teil I: Konzeption für ein Forschungs- und Entwicklungsprojekt. Berlin: Internationale Akademie für innovative Pädagogik, Psychologie und Ökonomie an der Freien Universität Berlin – INA gGmbH.

5 Klafki, Wolfgang (1992): Allgemeinbildung in der Grundschule und der Bildungsauftrag des Sachunterrichts. In: Lauterbach, Roland u.a. (Hrsg.) (1992): Brennpunkte des Sachunterrichts. Kiel: Inst. für die Pädagogik der Naturwissenschaften, S. 11-31.

Ausrichtung des Grundschulunterrichts an den »epochaltypischen Schlüsselproblemen der Menschheit«, die ja immer auch Schlüsselprobleme der Kinder sind, bestärkte das ponte-Team in dieser Orientierung an einer »Allianz« von Situationsansatz und Lernbereichsdidaktik der Grundschule:

»Der Schwerpunkt der Lernbereichsdidaktik [der Grundschule] liegt auf einer systematischeren Erschließung von Wissensbeständen. Der Schwerpunkt des Situationsansatzes [im Kindergarten] wiederum liegt auf der Mobilisierung von kindgemäßen Lernprozessen innerhalb zu bewältigender Situationen. Die curriculare Verbindung von Situationsansatz und Lernbereichsdidaktik schafft Vorteile für die Qualität der Bildungsangebote sowohl im Kindergarten als auch in der Grundschule:

- Der Bildungsanspruch des Situationsansatzes wird deutlicher herausgearbeitet, sowohl hinsichtlich der Aneignung von Kulturtechniken als auch von Kulturgütern.
- Die Zugänge zu Realsituationen und -problemen werden für die Lernbereichsdidaktik deutlich verbessert.
- Das Curriculum kann nach generativen Themen (Freire) oder generativen Kernen (Gutierrez) strukturiert werden, also nach Schlüsselsituationen und -problemen, ohne dabei den Anspruch an eine systematische Erschließung von Wissensbeständen infrage zu stellen.
- Das Curriculum fördert einen Bildungsprozess ohne jene Brüche, wie sie bisher zwischen dem Elementar- und Primarbereich bestanden.
- Die Kinder lernen von Anbeginn an, realitätsbezogene Problemstellungen auf kreative Weise zu lösen.
- Die Erzieherinnen erfahren einen erheblichen Schub in ihrer bisher sehr unterentwickelten lernbereichsdidaktischen Kompetenz. Die Lehrkräfte im Bereich der Grundschule lernen, den Lebensweltbezug ihrer Didaktik deutlicher und professioneller herauszuarbeiten.«[7]

Fünf Jahre nach der Veröffentlichung der ponte-Konzeption müssen wir feststellen: Eine systematische Curriculumentwicklung im angedeuteten Sinne durch die beteiligten Einrichtungen ist infolge anderer Schwerpunktsetzungen der Einrichtungen selbst zunächst nicht erfolgt. Die Zeitstrukturen im Entwicklungsgang und die äußerst beschränkten Ressourcen des Gesamtprogramms haben in der Realisierung des Programms zu anderen Schwerpunkten geführt. Insbesondere wurden die enormen Schwierigkeiten, die Pädagoginnen und Pädagogen von Kindergarten und Grundschule in der gemeinsamen zielorientierten Entwicklungsarbeit miteinander haben, in der Konzeptionierungsphase von ponte völlig unterschätzt.[8] Wir gingen davon aus, dass die Pädagoginnen und Pädagogen nach einer kurzen Kennenlernzeit unverzüglich Curriculumentwicklung betreiben könnten – und hieran auch ein primäres Interesse haben würden –, und haben zunächst nicht geahnt, welchen Aufwand es bedeutet, die unterschiedlichen Kulturen der Jugendhilfe und der Schule überhaupt mit

6 Faust-Siehl, Gabriele; Garlichs, Ariane u.a. (1996): Die Zukunft beginnt in der Grundschule. Empfehlungen zur Neugestaltung der Primarstufe. Reinbek: Rowohlt.

7 Vgl. Dreier, Annette; Preissing, Christa; Ramseger, Jörg; Zimmer, Jürgen (2004): ponte. Kindergärten und Grundschulen auf neuen Wegen. Teil II: Ergänzende Materialien, Internationale Akademie für innovative Pädagogik, Psychologie und Ökonomie an der Freien Universität Berlin – INA gGmbH, S. 7.

8 Vgl. den Umfang und die Analysen des Kapitels »Vom Kindergarten in die Grundschule: Erzieherinnen und Lehrerinnen arbeiten zusammen« in diesem Buch.

einander ins Gespräch zu bringen. Sowohl auf der Systemebene, z.B. beim Zusammenführen der entsprechenden Fachabteilungen in den verschiedenen Ministerien, als auch im Praxisfeld waren die Gräben zwischen den beiden Welten viel tiefer, als wir uns das aus der Sicht der Wissenschaft vorgestellt hatten. Die Praxis hat eben ihre eigene Entwicklungsgeschwindigkeit – und ihre eigenen Prioritäten.

Die Brechung der curricularen Absichten an der Realität

Wenn gleichwohl – wie die Beiträge von Iris Feller, Anke Hausmann, Beate Herzog, Kerstin Maschke, Andrea Friedrich und Barbara Leitner in diesem Kapitel, aber auch das Beispiel von Jacqueline Lobenstein aus der ersten ponte-Broschüre zeigen[9] – in mehreren Tandems mehrere der aus dem Konzeptpapier zitierten curricularen Ansprüche im Programm ponte durchaus realisiert wurden, so erfolgte dies weniger als ein Akt systematischer Curriculumentwicklung denn als Folge der systematischen Arbeit am Bildungsverständnis in allen Tandems: War die Kennenlern- und Zielfindungsphase abgeschlossen, die zu unserer Überraschung in manchen Fällen ein ganzes Jahr in Anspruch nahm, konnten Kindergärten und Grundschulen dazu übergehen, gemeinsame inhaltliche Projekte zu planen oder sich auf inhaltliche Schwerpunkte wie die Zusammenarbeit mit Eltern, die Sprachförderung oder die Förderung des naturwissenschaftlichen Lernens zu konzentrieren. Von ponte initiierte Workshops mit gezielten Inputs durch Expertinnen und Experten unterstützten diese Prozesse. Das Gubener Tandem, das sich von Anfang an selbst als »Sprachwerkstatt« definiert und hier sehr bewusst einen frühen Schwerpunkt gesetzt hat, und das Jenaplanhaus in Lübbenau, das sich frühzeitig auf die Förderung der naturwissenschaftlichen Bildung der Kinder spezialisiert hat, zeigen allerdings, dass eine solche curriculare Entwicklungsarbeit dort auch schneller beginnen und zu früheren Erfolgen führen kann, wo man weniger Zeit auf das Zusammenfinden und die Organisation der Zusammenarbeit verwenden muss, weil die »Chemie« zwischen den Beteiligten offenbar stimmt. In Guben kam begünstigend hinzu, dass eine Lehrerin der Grundschule die Arbeit der Kindertagesstätte besonders schätzte und schon vor Beginn des ponte-Programms mit dieser Kindertagesstätte zusammenarbeitete; im Jenaplanhaus arbeiten Kindergarten und Grundschule schon seit Jahren gemeinsam unter einem Dach.

Bildende Erfahrung in Kindergarten und Grundschule

Wenn man abschätzen will, ob und inwiefern ponte die Bildungserfahrungen der Kinder in den ponte-Einrichtungen verändert hat, braucht man eine Definition von »Bildung«. Wilhelm von Humboldt bezeichnete Bildung schlicht als »die Verknüpfung des Ichs mit der Welt«, allerdings unter der Maßgabe, dass die Kinder in der Auseinandersetzung mit den Lerngegenständen jenen »Begriff der Menschheit in unserer Person« entwickeln, der Humboldt zufolge das gebildete Individuum vom unge-

9 Vgl. Lobenstein, Jacqueline (2007): »Die vergessene Schrift«. Kindergartenkinder auf dem Weg in die Welt der Schrift. In: Bildungsqualität von Anfang. Berichte und Erfahrungen aus dem Programm ponte. (Hrsg.): Deutsche Kinder- und Jugendstiftung und Internationale Akademie für innovative Pädagogik und Psychologie an der Freien Universität Berlin – INA gGmbH, S. 12-17.

bildeten unterscheidet.[10] Diesem Verständnis zufolge müssen sowohl der Kindergarten als auch die Grundschule »bildende Erfahrungen« ermöglichen, was etwas anderes ist, als ein simples Funktionstraining von »Vorläuferfähigkeiten« oder jene Arbeitsblattpädagogik, bei der die Kinder überwiegend irgendetwas ankreuzen, verbinden, ausschneiden oder bunt anmalen sollen, aber nur selten in ihrem Denken herausgefordert werden.

»Bildende Erfahrungen«, wie sie das Gubener Tandem sehr anschaulich beschreibt und wie die Pädagoginnen und Pädagogen im Jenaplanhaus im Naturwissenschaftsunterricht ermöglichen, unterstellen, dass schon kleine Kinder vernunftfähige und kompetente Lerner sind, die ein Interesse an der Welterkundung haben und – genau wie Erwachsene – als werkschaffende Künstler, Schriftsteller oder Naturforscher betrachtet werden können, wenn man sie etwas selbst produzieren oder erforschen lässt. Eine solche Betrachtung beinhaltet eine besondere Wertschätzung für das eigenaktive, ja, kreative Kind, ohne die Bedeutung von Regeln, Revieren und Ritualen zu missachten.

»Bildende Erfahrungen« setzen dem Reformpädagogen und Bildungstheoretiker John Dewey zufolge voraus, dass der Lernende

»1. ... eine wirkliche, für den Erwerb von Erfahrungen geeignete Sachlage vor sich hat – dass eine zusammenhängende Tätigkeit vorhanden ist, an der er um ihrer selbst willen interessiert ist;
2. dass in dieser Sachlage ein echtes Problem erwächst und damit eine Anregung zum Denken;
3. dass er das nötige Wissen besitzt und die notwendigen Beobachtungen anstellt, um das Problem zu behandeln;
4. dass er auf mögliche Lösungen verfällt und verpflichtet ist, sie in geordneter Weise zu entwickeln;
5. dass er die Möglichkeit und die Gelegenheit hat, seine Gedanken durch praktische Anwendungen zu erproben, ihren Sinn zu klären und ihren Wert selbständig zu entdecken.«[11]

Alle diese Voraussetzungen treffen auf die jungen Autorinnen und Autoren in der Kindertagesstätte »Waldhaus« zu, die beschlossen hatten, selbst ein Bilderbuch zu produzieren. Deshalb gelingt es ihnen, die Achtung der Eltern und der Schülerinnen und Schüler aus der benachbarten Grundschule zu erwerben. So entsteht ein fruchtbares Wechselspiel zwischen Kindergarten und Grundschule:

- Weil die Kinder schon im Kindergarten selbst Bücher produziert haben, kann die Grundschullehrerin hieran sofort anschließen und in der Schule dasselbe tun.
- Weil sich die Kinder schon im Kindergarten auf den Weg in die Schriftkultur gemacht haben, hierin klug von ihren Erzieherinnen unterstützt, kann (und muss) die Grundschullehrerin auch den Leselehrgang an der Grundschule offener gestalten als früher.
- Und weil die Kinder sich in diesen Produktionsprozessen selbst als werkschaffende Künstler erfahren, gewinnen sie nicht nur eine besondere Sachkompetenz, sondern entwickeln auch jene Liebe zur Literatur, die nach wie vor die allerbeste Grundlage für eine lebenslange Lust am Lesen und am Lernen ist.

---

10 Humboldt, Wilhelm von (1980): Theorie der Bildung des Menschen. In: Flitner, Andreas; Giel, Klaus (Hrsg.): Wilhelm von Humboldt, Werke in 5 Bänden, Bd. 1: Schriften zur Anthropologie und Geschichte. Berlin: Rütten & Loening, S. 235.

11 Dewey, John (2000): Demokratie und Erziehung – Eine Einleitung in die philosophische Pädagogik. Weinheim: Beltz-Verlag. (Orig.: Democracy and Education, New York 1915).

Es klingt schon fast paradox: In Guben entwickeln die Kinder mit Hilfe der Erzieherinnen schriftstellerische Kompetenz, lange bevor sie schreiben können. Aber eben deshalb gelingt auch das Schreibenlernen in der Grundschule besonders gut.

Konsistenz der Bildungserfahrungen

Mit den regelmäßigen gemeinsamen Projekten von Kindergarten und Grundschule, der wöchentlichen Arbeitszeit der Kindergartenkinder in der Grundschule sowie den regelmäßigen Präsentationen der Grundschulkinder für die Kindergartenkinder hat das Jenaplanhaus in Lübbenau eine pädagogisch-didaktische Prozessstruktur geschaffen, die den Kindern eine einzigartige Erfahrung von Konsistenz im Bildungsangebot bietet. Diese Konsistenz ist wichtig, weil sie die Lernmöglichkeiten der Kinder vervielfacht: Die Denkbarrieren, die mit dem gleichförmigen, schrittweisen Vorangehen der traditionellen Jahrgangsklasse in der öffentlichen Schule immer verbunden sind, werden hier von Anfang an überwunden: Indem die jüngeren Kinder frühzeitig an die Lernprozesse der älteren herangeführt werden, wird ihnen nicht nur der Übergang vom Kindergarten in die Grundschule erheblich erleichtert. Wichtiger noch ist die Möglichkeit des frühen Mitlernens der Jüngeren mit den Älteren sowie der systematischen Festigung der Lernanstrengungen der Älteren über die Präsentation der Forschungsbefunde vor den Kleinen. Beides ermöglicht eine hochgradige Individualisierung und potenziert die Vorbilder und die intellektuellen Herausforderungen, die den Kindern dargeboten und abverlangt werden. Die Kindergartenkinder werden unter Umständen nur manches verstehen, was die älteren Schülerinnen und Schüler sich erarbeiten und ihnen dann vorführen. Aber sie bekommen schon eine Ahnung von dem, was da auf sie wartet, wenn sie im kommenden Jahr im Jenaplanhaus einen Flur höher ziehen und dann Grundschüler sind. So, wie es in der Familie die nachgeborenen Kinder in der Regel einfacher haben und vieles von den älteren Geschwistern einfach abgucken, was die Eltern den Erstgeborenen mühsam beibringen mussten, können hier die Kleinen in der Patenschaft mit den Älteren von diesen und mit diesen lernen. Dabei eignen sie sich viele Sachverhalte an, die der neue Bildungsplan für den Elementarbereich für sie vorsieht. Sie erwerben aber gleichzeitig schon im Kindergartenalter auch genau jene allgemeine Handlungskompetenz, die im Rahmenlehrplan für die öffentliche Grundschule in Brandenburg als übergeordnetes Bildungsziel vorgegeben ist.[12]

Zur überregionalen Bedeutsamkeit der Beispiele

Die in Guben und in Lübbenau erfahrbar gewährleistete Konsistenz im Bildungsangebot setzt natürlich eine von beiden Einrichtungen gemeinsam geteilte »Philosophie« von Bildung und Erziehung voraus, die in beiden Fällen schon vor der Beteiligung an ponte bestand, aber in beiden Fällen durch ponte entscheidend gefestigt und den Einrichtungen in den gemeinsamen Dialo-

12 Vgl. Ministerium für Bildung, Jugend und Sport des Landes Brandenburg (Hrsg.) (2004): Grundsätze elementarer Bildung in Einrichtungen der Kindertagesbetreuung im Land Brandenburg. 1. Juni 2004. Ministerium für Bildung, Jugend und Sport des Landes Brandenburg u.a. (Hrsg.) (2004): Rahmenlehrplan Grundschule – Sachunterricht. Berlin und Potsdam: Wissenschaft und Technik Verlag. Beide Texte Im Internet unter http://www.bildung-brandenburg.de.

gen im ponte-Tandem noch mal explizit bewusst wurde. Damit erhält die hier geschilderte Praxis eine überregionale Bedeutsamkeit: Sie zeigt auf, wie sich die traditionelle Orientierung der Grundschule an vorgegebenen Inhalten und Lernzielen mit der Orientierung an den Lebenssituationen der Kinder verbinden lässt und inwieweit eine Definition der lernbereichstypischen Inhalte der Grundschule aus der Sicht des Kindes möglich ist und in der Praxis handlungsweisend werden kann.

Die Erzieherinnen im Kindergarten konnten, weil sie nicht »unterrichten« und keine Lernziele erreichen mussten, ihre Lernangebote schon immer eher aus der Sicht des Kindes definieren und ihre pädagogischen Angebote entsprechend frei und individuell anlegen. Viele Grundschullehrerinnen und -lehrer, insbesondere, wenn sie sich stark dem Lehrplan verpflichtet fühlen, müssen diese Kompetenz erst erweben, ohne sich jedoch von den Vorgaben der Rahmenlehrpläne gänzlich frei machen zu können. Sie müssen vielfach noch lernen, die allgemeinen Ziele in individuellen Angeboten zu realisieren. ponte erzeugt eine spürbare Drucksituation vor allem für die Grundschulen: Obgleich besser ausgebildet und besser bezahlt als die Erzieherinnen, sehen sich die Grundschullehrerinnen und -lehrer einem größeren Lernerfordernis ausgesetzt als diese – und spüren dies auch. Denn mit der Einführung der neuen Bildungspläne im Elementarbereich greift der Kindergarten – in allen Bundesländern – mehr und mehr Lerngegenstände auf und bietet Lernerfahrungen an, die früher traditionell der Grundschule vorbehalten waren, ohne aber darauf im einzelnen verpflichtet zu sein und ohne unter dem Druck der vergleichenden Leistungsbewertung zu stehen, der für Schule typisch ist und spätestens ab dem dritten Schuljahr die Schule weitgehend prägt. Aus dem, was später in der Grundschule für alle Pflicht wird und was für alle Kinder sicherzustellen die Grundschullehrerinnen und -lehrer viel Schweiß und Mühe kostet, greifen sich die Erzieherinnen das heraus, was die Kinder schon im Kindergarten interessant und unterhaltsam finden und machen daraus eine bunte Kür.

Damit zwingen aber die Kindergärten die Schulen zur Öffnung ihres Unterrichts. Es gab in ponte Tandems, die aus dieser potenziell konflikthaltigen Situation etwas Konstruktives gemacht und sich wechselseitig für einander geöffnet haben. Andere Tandems sind daran gescheitert.[13] Die ersteren unterscheiden sich von den letzteren dahingehend, dass bei ihnen eine Konsistenz der Bildungsprozesse auf prozessualer und philosophischer Ebene realisiert wird, und nicht – wie bei anderen – lediglich eine strukturell-organisatorische Verzahnung der beteiligten Institutionen angestrebt wird. Aus diesem Grund wurde in vielen Tandems immer wieder neu über den »Bildungsbegriff« nachgedacht und diskutiert, eine von den Pädagoginnen und Pädagogen selbst immer wieder neu aufgebrachte akademische Mühe, die bisweilen auch anstrengend war.

Eine solche prozessuale und philosophische Verbindung der Arbeit von Kindergarten und Grundschule ist nun aber keineswegs ein glücklicher Zufall, über den man sich freuen, den man aber nicht herbeiführen kann. Vielmehr ist sie eine logische Konsequenz der seit etwa 2004 zu konstatierenden hohen Kongruenz in den Bildungsphilosophien, den angestrebten Kompetenzen und den dafür zugrunde gelegten Bildungsbereichen in den Bildungsplänen für den Elementarbereich und den aktuellen Grundschulrichtlinien in nahezu allen Bundesländern. Legt man die Taxonomie der Bildungsbereiche aus den »Grundsätzen der elementaren Bil-

13 Vgl. den Beitrag von Ludger Pesch »Über die Mühen der Ebene. Gescheiterte oder gefährdete Kooperationen« in diesem Band.

dung« in Brandenburg neben die Liste der in den Lernbereichen der Grundschule berührten Lern- und Aufgabenfelder, so wird diese Übereinstimmung offenkundig. Und das gilt für nahezu alle Bundesländer: Immer geht es um ähnliche Inhaltsbereiche und nahezu identische Kompetenzen.

Wenn aber sowohl die Bildungsbereiche als auch die angestrebten Kompetenzen in Kindergarten und Grundschule weitgehend identisch sind und sich auch beide Institutionen hinsichtlich ihrer pädagogischen Philosophie mehr und mehr annähern, welchen Sinn macht es dann, getrennte Institutionen aufrecht zu erhalten?

Pädagogisch macht es eigentlich keinen Sinn, weswegen die ehemalige Bildungsministerin von Baden-Württemberg, Annette Schavan, aber auch die Bildungskommission von NRW oder ponte-Miterfinder Jürgen Zimmer mehrfach die Idee des gemeinsamen »Bildungshauses« entworfen haben, in denen Kinder idealerweise vom frühen Kindesalters bis ans Ende der Grundschulzeit, in einigen Entwürfen sogar – wie im Jenaplanhaus in Lübbenau – bis in die späte Pubertät zusammen leben und lernen sollten.[14]

Allerdings werden wir es in Deutschland aller Voraussicht nach noch auf lange Zeit mit voneinander getrennten Institutionen zu tun haben. Niemand will ernsthaft die Freiwilligkeit des Kindergartenbesuchs und die freie Wahl der untereinander konkurrierenden Kindergärten aufheben und die Freien Träger der Jugendhilfe gefährden oder gar beseitigen; und niemand will ernsthaft den Schulzwang und die eine gemeinsame öffentliche Grundschule für alle Kinder abschaffen. Gemeinsame »Bildungshäuser« entstehen realistischerweise eher als virtuelle Einheiten in der engen Zusammenarbeit von Kindergärten und Grundschulen, denen es gelingt, sich auf eine gemeinsame Bildungsphilosophie zu verständigen und die Konsistenz der Bildungsangebote in gemeinsamen Projekten von Kindern aus Kindergarten und Grundschule zu realisieren.

Wie ponte zeigt, benötigen sie dafür in der Regel zumindest zeitweilig eine externe Moderation. ponte zeigt auch, dass und wie es gelingen kann, die Kontinuität der Bildung in konsistenten Bildungsangeboten zu realisieren. Die dafür erforderlichen Entwicklungsprozesse verlaufen keineswegs gradlinig, sondern auf vielfach verschlungenen Wegen, mit Sprüngen, »Lernplateaus« und auch mit Rückschritten. Es sind Prozesse, deren Ergebnisse nicht immer vorhersehbar sind und die es erfordern, die Planung immer wieder neu an den je erreichten Stand anzupassen und die eigene Position im pädagogischen Handeln immer wieder neu zu reflektieren. Solche Prozesse sind arbeits- und zeitintensiv. Aber diese Arbeit vermittelt vielen der beteiligten Pädagoginnen und Pädagogen auch eine große inhaltliche Befriedigung und trägt zur Professionalisierung bei. Und sie hilft den Kindern, starke, selbstbewusste, erfolgreich lernende Menschen zu werden (oder zu bleiben), die ihre im Kindergarten erworbenen Kompetenzen in der Schule immer weiter differenzieren und vervollkommnen können.

---

14 Vgl. neben anderen: Schavan, Annette: »Bildungshäuser bieten Kindern die besten Chancen«. In: www.bildungsklick.de, (1.10.2007). Ferner: »Hochzeit von Kindergarten und Grundschule oder: Eine pädagogische Bewegung namens ponte«. Interview mit Prof. Dr. Jürgen Zimmer. In: Betrifft KINDER, 1. Jg., H. 5, 2004.

Entwicklungen erkennen und verstehen

Einleitung

Christa Preissing

ponte ist ein Entwicklungsprogramm. Deshalb beschäftigten sich die Evaluationsberichte dieses Kapitels in erster Linie mit den Entwicklungsprozessen in der Zusammenarbeit zwischen Kitas und Grundschulen und selbstverständlich auch mit deren Ergebnissen. Grundlage aller Beiträge ist ein Verständnis von Evaluation als einer Analyse von fördernden und hemmenden Faktoren für die durch ponte angestrebten Kooperationsprozesse.

Um es gleich klarzustellen: Leser und Leserinnen werden keine quantitativ abgesicherten empirischen Belege erhalten über den erstaunlichen Bildungserfolg von Kindern, die ponte-Kindergärten oder ponte-Grundschulen besucht haben. Zweifelsfrei ist das wesentliche Ziel aller Projekte, die sich den Kooperationserfordernissen zwischen beiden Bildungsbereichen widmen, dass die Kinder von einer solchen Kooperation profitieren und sich ihre Bildungschancen und Bildungsleistungen dadurch verbessern. Zweifelsfrei macht es Sinn, durch Evaluationen zu prüfen, ob, in welchem Maße, in welchen Bildungsaspekten und für welche Kinder in welchen Sozialräumen dieses Richtungsziel durch ein Projekt wie ponte auch erreicht wird. Die Möglichkeiten für eine solche Evaluation auf der Ebene der Wirkungen bei den Kindern waren in ponte aber nicht gegeben. Immerhin gibt es eine sorgfältige empirische Zwischenevaluation von ponte im Land Brandenburg mit vorwiegend quantitativen Daten, die die Ausführung, die Reichweite und die Bewertung des Programms aus der Sicht der beteiligten Pädagoginnen und Pädagogen überprüft.[1]

Die berichteten Evaluationsergebnisse sind deshalb viel bescheidener: Zwei der hier vorgestellten Berichte geben eine interne Einschätzung zu den Entwicklungsergebnissen von ponte. Sie stammen aus der Feder von ponte-Mitarbeitern:

Der Beitrag »Und dann hat sich was verändert« von Frauke Hildebrandt analysiert Bedingungen und Ergebnisse von Veränderungsprozessen in der Kooperation von Kitas und Grundschulen. Sie hat hierzu Tandems in Brandenburg interviewt, dem Bundesland, das von Anfang an und damit am längsten, nämlich vier Jahre, in ponte dabei war. Ihre Analyse beleuchtet das professionelle Verhältnis von Erzieherinnen und Lehrerinnen, die wechselseitigen Veränderungen im Bildungsverständnis sowie die erwarteten Effekte der verbesserten Kooperation für einen marginalisierten Wirtschaftsstandort im Oderbruch.

Die für ponte zentrale Arbeitsweise in Tandems, die sich aus den kooperierenden Erzieherinnen und Lehre-

1 Vgl. Friedrich, Andrea (2007): ponte – Kindergärten und Grundschulen auf neuen Wegen. Zwischenevaluation des Forschungsprojektes. Berlin: Internationale Akademie für innovative Pädagogik, Psychologie und Ökonomie an der Freien Universität Berlin – INA gGmbH (Unveröff. Magisterarbeit an der Freien Universität Berlin).

rinnen aus Kitas und Grundschulen einer Region zusammensetzen, beleuchtet der Beitrag von Andrea Friedrich und Jörg Nicht unter Mitarbeit von Marta Freire: »Was in Tandemsitzungen passiert«. Grundlage ihrer Analyse sind die von den Moderatorinnen und Moderatoren der Tandems angefertigten Protokolle der Treffen zwischen den beiden Professionsgruppen. Der Beitrag reflektiert den Sinn und die Entwicklungsmöglichkeiten von Lerndokumentationen auf der Erwachsenenebene. Er gibt so Hinweise auf eine produktive Verbindung zwischen den von Pädagoginnen in Kitas und Grundschulen geforderten Bildungsdokumentationen kindlicher Bildungsprozesse für die Bildungsprozesse von Pädagoginnen und Pädagogen.

Obwohl von ponte-Mitarbeitern verfasst, liefern beide Beiträge neben der internen auch eine externe Perspektive. Die Verfasser sind alle Mitarbeiter des ponte-Teams bei der Deutschen Kinder- und Jugendstiftung und der Internationalen Akademie für Pädagogik, Psychologie und Ökonomie an der Freien Universität Berlin. Sie sind nicht selbst Akteure der Praxis, sondern sie haben diese befragt bzw. deren Dokumente analysiert und interpretiert.

Iris Nentwig-Gesemann und Gerald Blaschke geben mit ihrem Beitrag »Zwischen Kontinuität und Differenzerfahrung« konkrete Einblicke in Annäherungsprozesse zwischen Kitas und Grundschulen. Beide sind nicht interne Mitarbeiter bei ponte, sondern unabhängige, von der Deutschen Kinder- und Jugendstiftung beauftragte Wissenschaftler für die externe Evaluation von ponte. Die von ihnen gewählten qualitativen Verfahren der Evaluation liefern, vielleicht genau deshalb, weil sie von externen Evaluatoren erhoben wurden, die intimsten Daten: Videoaufnahmen von direkten Kooperationsprozessen zwischen Pädagoginnen und Pädagogen, Mädchen und Jungen aus Kitas und Grundschulen und Interviews mit den in diesen Szenen beteiligten Pädagoginnen und Pädagogen.

Das Evaluationskapitel wird keine Patentrezepte liefern, wie die Kooperation zwischen Kitas und Grundschulen in Zukunft gestaltet werden sollte. Es gibt jedoch vielfältige Hinweise und Empfehlungen für Pädagogen und Vertreter von Bildungsadministration und Wissenschaft, wie reflexive und diskursive Kooperationsprozesse zur wechselseitigen Professionalisierung beider Berufsgruppen beitragen können.

»Und dann hat sich etwas verändert...«

Frauke Hildebrandt

Das Programm ponte hat 2004 in der Modellregion Cottbus begonnen. Die ponte-Kindergärten und -Grundschulen in Brandenburg waren nicht nur am längsten am Programm beteiligt, sondern stellten im Ländervergleich auch die meisten Einrichtungen. Frauke Hildebrandt, Programmverantwortliche für Brandenburg, hat im Frühjahr 2008 alle Brandenburger Tandems besucht und mit Erzieherinnen und Lehrerinnen darüber gesprochen, wie sie die durch ponte initiierten Veränderungen bewerten.

Immer wieder gab es im ponte-Team der Deutschen Kinder- und Jugendstiftung Kontroversen. Sollte Reflexion wirklich der Schlüssel zu veränderter Praxis sein? War unser Insistieren auf den Dialog über Grundlagen der pädagogischen Arbeit naiv? Zu abstrakt? Zu praxisfern? Brauchten die Pädagoginnen vielleicht bloß mehr Fachwissen und Übungen in der Praxis – sollten wir also besser »Königswege zur Kooperation« aufzeigen? Strapazierte sie unser Bestehen darauf, dass die Haltung zu sich selbst und zur Welt so wichtig ist?

Um es vorweg zu nehmen: Noch immer sind nicht alle Fragen beantwortet. Aber um voranzukommen, entschieden wir im ponte-Team, den moderierten Reflexionsdialog zum zentralen Element unserer Arbeit werden zu lassen. Wir waren dann doch überzeugt, dass der Kooperationsdialog zwischen Kindergarten und Grundschule es schließlich ermöglichen würde, lokal relevante, für Kindergarten und Grundschule bedeutsame kontroverse Selbstbeschreibungen systematisch als Entwicklungsimpulse für die pädagogische Arbeit zu nutzen. Wir setzten also auf die positive Kraft von Irritation, denn – das war unsere Prämisse – kontroverse Selbstbeschreibungen würden den reflexiven Zugang zu den impliziten Strukturen der pädagogischen Praxis in den Einrichtungen schaffen. Und das sei die eigentliche Voraussetzung zielgerichteter Veränderungen der jeweils eigenen Praxis.

Ausgehend von Alltagssituationen, machte unser Dialog die Grundlagen des pädagogischen Handelns zum Thema. Es ging um ganz konkrete Antworten auf die Fragen: Wieso existieren in Kindergarten und Grundschule so unterschiedliche Auffassungen von Bildung? Worin genau unterscheiden sie sich? Kann man sie aufeinander beziehen? Wenn ja – wie? Was bedeutet das für die jeweils eigene Arbeit? Außerdem: Wie entwickeln sich Kinder überhaupt? Wie lernen sie? Welche Rolle sollen die Pädagoginnen im Bildungsprozess spielen? Schwierige Fragen, immer wieder unbefriedigende Antworten – kurz: keine sichtbaren Ergebnisse. Doch nach drei Jahren gab es einen fast sprunghaften Umschlag. Etwas hatte sich verändert. Plötzlich wurden Ergebnisse sichtbar – für alle Beteiligten.

Was hat sich verändert?

Um herauszufinden, was sich verändert hatte, führte das Brandenburger Team Gespräche mit allen Brandenburger Tandems. Wir wollten erfahren, welche Veränderungsimpulse die Praktikerinnen unserem Programm zuschreiben, wollten ein direktes Feedback bekommen, jenseits der begleitenden Evaluationen.

In den spannenden und teils kontroversen Gesprächen wurden allen Beteiligten die Unterschiede zur Zeit vor ponte deutlich, manchmal geradezu schlagartig. Ein breit gefächertes Bild entstand, das zeigte, wie und in welchen Aspekten sich das pädagogische Handeln in Kindergarten und Grundschule verändert hatte. So differenziert hatten wir das nicht erwartet.

Es stellte sich heraus, dass innerhalb des Zielrahmens ganz individuelle Schritte zu ebenso individuellen Zielen führten. Doch es gab auch Gemeinsamkeiten: Die Tandems empfanden die praktizierte regelmäßige inhaltliche Kooperation als Gewinn. Viele Pädagoginnen berichteten, dass sie sich vor ponte nicht hätten vorstellen können, was die pädagogische Dimension der Kooperation – wie sie sie nun praktizierten – bewirkt: regelmäßige reflektierte und moderierte Hospitationen, die gemeinsame Arbeit an pädagogischen Zielvereinbarungen (erst einmal ohne die Kinder). Diese Praxis war für alle Erzieherinnen und Lehrerinnen neu. Sie wurde als fruchtbar, das hierarchische Gefälle nivellierend eingeschätzt und in den Alltag integriert.

Erzieherinnen und Lehrerinnen aus Schwielowsee: »Vorher war die Kooperation unregelmäßig. Jetzt ist sie regelmäßig. Wir arbeiten auch anders. Es geht jetzt mehr um pädagogische Inhalte, um unser Kindbild.«

Erzieherinnen und Lehrerinnen aus Lübbenau: »Wir planen langfristig. Bei den Treffen hat nicht mehr so die Schule das Sagen.«

Zu unterschiedlichen Inhalten organisierten die Pädagoginnen gemeinsame Projekte mit den Kindern: Schriftspracherwerb, naturwissenschaftliche Bildung, musisch-künstlerische Themen und frühe mathematischer Bildung. Das gab es zwar auch vor ponte schon, neu war aber das gemeinsame Nachdenken und Analysieren im Anschluss an die Projekte, eine persönlich-professionelle Herausforderung.

Eine Lehrerin aus Beeskow: »Als mein Unterricht im Tandem besprochen wurde, wäre ich einmal fast aufgestanden und gegangen. Aber weil die Moderatorin dabei war, bin ich sitzen geblieben.«

All diese Aspekte führten aus der Sicht der Pädagoginnen in den Tandems zu unterschiedlichen Veränderungseffekten. Im Folgenden werden sie blitzlichtartig dargestellt.

Sich als Personen näherkommen – das Klima

Erzieherinnen und Lehrerinnen aus Beeskow: »Wir kannten uns vor ponte nicht wirklich. Man hat sich gegrüßt, mehr nicht. Ganz wichtig war, dass wir in den Gesprächen ehrlich miteinander umgingen. Da ist nichts offen geblieben. Aber wir konnten danach weiterreden, was ganz sicher an der Moderatorin lag. So hat sich gegenseitiges Vertrauen entwickelt.«

In einigen Tandems gab es vor ponte kaum Berührungspunkte und demzufolge auch kaum Beziehungen zwischen den beteiligten Personen. In anderen Tandems ergaben sich Kommunikationsstörungen zwischen den Pädagoginnen, für deren Auftreten sie in der Regel sich selbst oder das Gegenüber verantwortlich machten. Viele nachfolgende Schritte dienten erst einmal dem Ziel, die Beziehungen zu entspannen. »Auf Augenhöhe« mit der jeweils anderen Profession agieren zu können – das war der Wunsch. Hierarchien, eine unterschiedliche soziokulturelle Geschichte, unterschiedliche Einkünfte und unterschiedlich hohes Ansehen erschwerten die Erfüllung dieses Wunsches. Denkt man gemeinsam darüber nach, wird zunehmend klarer, dass diese Schwierigkeiten nicht auf der persönlichen Ebene, sondern im System liegen. Diese Feststellung ermöglicht es, einander vorurteilsloser zu begegnen, einander kennen zu lernen und Vertrauen zu fassen. ponte unterstützte und förderte diesen Prozess, so dass schließlich viele gute Arbeitsbeziehungen entstanden.

Erzieherinnen und Lehrerinnen aus Guben: »Es sind persönliche Beziehungen gewachsen, wir haben gemeinsam gute und weniger gute Zeiten erlebt.«

Erzieherinnen und Lehrerinnen aus dem Kindergarten »Friedrich Fröbel« und der Fröbel-Grundschule in Cottbus: »Durch die regelmäßigen Kontakte ist eine Vertrautheit entstanden, die wir vorher nicht hatten. Jetzt gehen wir ohne Hemmungen aufeinander zu.«

Erzieherinnen und Lehrerinnen aus Schwielowsee: »Die Qualität der Kommunikation hat sich verändert. Wir können uns leichter austauschen. Wir gehen viel offener miteinander um.«

Die Bürgermeisterin: »Ich spüre einen großen Vertrauenszuwachs, wenn ich jetzt in die Runde komme. Der Ton ist ein anderer, der Umgang ist offener.«

Um von den Erwachsenen zu den Kindern zu kommen: Individualität und Selbsttätigkeit sind nicht nur in der pädagogischen Realität Klippen. Es sind Themen, an denen sich die Geister nach wie vor scheiden. Doch selbst dort, wo Differenzen in den Grundpositionen vorlagen, entwickelte sich ein Klima des Vertrauens.

Erzieherinnen und Lehrerinnen aus Vetschau: »Wir haben nach wie vor unterschiedliche Einstellungen. Aber unser Gespräch ist nicht mehr so stur und steif. Es gibt jetzt einen angenehmen Dialog zwischen uns. Man kann eben offener reden.«

Die Veränderung der pädagogischen Arbeit in der eigenen Einrichtung

In der Zusammenarbeit der Tandems ging es schnell um folgende Fragen: Wie können wir unter den Bedingungen, die wir haben, so individuell arbeiten, wie es von uns verlangt wird? Was heißt Individualisierung der pädagogischen Arbeit genau? Wie funktioniert das? Und eng damit verwandt: Wie können wir die Kinder selbst mehr machen lassen?

Die Suche nach Antworten ging mit dem Blick auf die jeweils andere Einrichtung und deren Praxis einher. Man hospitierte und dachte über das Erlebte gemeinsam nach. Manchmal war der kritische Blick der Kolleginnen nicht leicht auszuhalten. In einigen Tandems führte er aber dazu, die eigene pädagogische Praxis ins Visier zu nehmen und zu verändern:

Erzieherinnen aus Werben: »Neben der konzeptionellen Umgestaltung unserer Kita war das Programm ponte der eigentliche Anlass, unsere Kitapraxis zu verändern. Wir haben uns ganz verändert. Wir sind viel offener geworden, haben Lerninseln und Funktionsräume eingerichtet.«

Erzieherinnen und Lehrerinnen aus dem Jenaplanhaus Lübbenau: »Uns ist klar geworden, dass wir – jede für sich und gemeinsam – die Eigenständigkeit der Kinder noch viel stärker und bewusster fördern können.«

Was heißt »Eigenständigkeit der Kinder«? Was bedeutet das für den Kindergarten und die Grundschule konkret? Jede Pädagogin muss jedes Kind beobachten und für sich erkennen, woran ein Kind gerade besonders interessiert ist, welche Themen es innerlich bearbeitet,

mit wie viel Engagement es sich den unterschiedlichen Wissensbereichen zuwendet. Nur so kann sie ihre pädagogischen Angebote wirklich effektiv auf das beziehen, was ein Kind als Motivation von sich aus mitbringt. Nicht erst schauen, was ein Kind können und was ihm deshalb vermittelt werden muss, und wenn wir glauben, dass wir die Vermittlungspflicht erfüllt haben, noch ein bisschen auf seine Interessen eingehen, vielleicht in »Projekten«. Sondern: Die eigene pädagogische Praxis von den Interessen der Kinder aus planen, wann immer es möglich ist. Solches Vorgehen braucht einen veränderten Blick auf Kinder und das Vertrauen darauf, dass Kinder wirklich so eigenaktiv lernen, wie große Pädagogen seit mehr als 200 Jahren betonen und Neurowissenschaftler neuerdings mit harten Fakten untermauern.

Lehrerinnen aus Beeskow: »Unser Blick auf die Kinder hat sich verändert. Wir akzeptieren viel stärker, dass Kinder selbstständig lernen. Vorher standen wir oft »Gewehr bei Fuß« bei den Kindern und wollten immer eingreifen. Das ist jetzt anders. Wir arbeiten offener und lassen die Kinder mehr probieren, mehr machen.«

Erzieherinnen und Lehrerinnen aus Lübbenau: »Seit wir bei ponte sind, lassen wir die Kinder in unserem Lerngarten selbstständig lernen. Das war vorher anders.«

Mit dem Biosphärenreservat haben die Kolleginnen aus Lübbenau einen Lerngarten angelegt – ein großes Gelände mitten im Spreewald, viel Platz und Auslauf. Die Kinder lernten landwirtschaftliche Handgeräte kennen, experimentierten mit Pflanzen, lernten, Wasser zu schätzen, bauten verschiedene Maissorten an und sahen ihnen beim Wachsen zu. Auch Kartoffeln wurden angebaut. Dafür interessierten sich die Kinder jedoch erst wirklich, als die Maulwurfsgrille sich über das gesamte Feld hermachte. Noch nach zwei Jahren erinnerten sich die Kinder an die Grille, ihren Körperbau und ihre Lebensweise und an ihre unheilvollen Aktivitäten.

Der Lerngarten hatte mit einem landläufigen Schulgarten nichts gemein. Jederzeit konnten die Kinder Kirschen pflücken, Möhren ziehen, Zwiebeln ernten oder Popkorn-Maiskolben sammeln, also die Früchte ihrer Arbeit ernten. Sie fühlen sich im Lerngarten wie in ihrem eigenen Garten.

Voneinander lernen, gemeinsam pädagogisch arbeiten

Erzieherinnen und Lehrerinnen aus Lübbenau: »Was früher nur der Schnuppertag bringen sollte, bringt jetzt der Alltag. Das wird von uns nicht mehr als Mehrbelastung empfunden.«

Der Schnuppertag brachte einen Blick in das künftige Klassenzimmer, ein bisschen Unterrichtsatmosphäre, zwei, drei Spiele mit den Erstklässlern und einen Gang durch das Schulgebäude: Aha, hier sind die Toiletten... Dieser Tag war natürlich etwas Besonderes und sollte die Neugier befriedigen. Es sei dahingestellt, ob er diese Erwartung erfüllte.

Gemeinsame inhaltliche Workshops führten dazu, dass einige Kindergärten und Grundschulen sich entschlossen, gleiche Materialien anzuschaffen oder Arbeitsmaterialien auszutauschen, denn es hatte sich herausgestellt: In einigen Kindergärten standen den Kindern interessante Materialien zur Mengenerfassung oder zum Schriftspracherwerb zur Verfügung, mit denen sie gern von sich aus arbeiteten.

Erzieherinnen und Lehrerinnen aus Lübbenau: »Durch gegenseitige Anregungen bei den Workshops haben wir angefangen, uns in Kita und Grundschule die gleichen Arbeitsmaterialien zuzulegen.«

Einige Schulen waren, was Material angeht, das zur Selbsttätigkeit herausfordert, deutlich schlechter ausgestattet als die Kindergärten. Nicht nur, dass Pädagoginnen aus diesen Schulen gern auf Materialien der Kindergärten für ihre Erstklässler zurückgriffen – die Kindergartenkinder erkannten ihre Lieblingsmaterialien wieder, griffen zu und erlebten sich als kompetente Lerner aus dem Kindergarten.

Erzieherinnen aus Werben: »Wir tauschen Material aus. Die Schule ist sehr an Kita-Arbeitsmaterial interessiert. Mitten im Alltag gehen wir zur Schule hinüber und gestalten gemeinsam den Unterricht. Wenn wir kommen, passiert eine andere Art von Schule.«

Lehrerinnen der Fröbel-Schule in Cottbus: »Der Kindergarten unterstützt uns bei unserer Selbstfindung als Fröbel-Schule. Sie hat für uns eine Fortbildung gestaltet. Auch für die alltägliche Arbeit bekamen wir Anregungen. Unsere Anerkennung für die pädagogische Arbeit des Kindergartens ist gewachsen.«

Es stellte sich heraus, dass die Kindergarten-Mitarbeiterinnen über Fröbels Didaktik informierter waren als die Kolleginnen aus der Grundschule. Ihre Materialausstattung ermöglichte es ihnen, den Lehrerinnen der Fröbel-Schule während einer Fortbildung davon abzugeben. Diese Erfahrung vermittelte den Erzieherinnen einen Zuwachs an Selbstwertgefühl. Nicht zuletzt deshalb, weil die Lehrerinnen sich an weiteren Fortbildungen sehr interessiert zeigten.

Während der gesamten Laufzeit des ponte-Programms zeigte sich immer wieder, dass die »Grundsätze der elementaren Bildung« des Kindergartens und die Rahmenlehrpläne der Grundschule den wenigsten Kolleginnen bekannt waren. Weder die Grundschulkollegien noch die Kindergarten-Teams blickten über ihren Tellerrand. Schon allein das gegenseitige Vorstellen der Arbeitsgrundlagen und deren Diskussion führte dazu, dass sich jede Einrichtung wieder stärker mit ihren eigenen Grundlagen befasste. Dabei erhielten die Kolleginnen aus den Kindergärten eine Vorstellung davon, mit welchen Schwierigkeiten die Lehrerinnen zu kämpfen haben: Einerseits sollen sie Kompetenzen fördern, andererseits müssen sie Stoffmengen abarbeiten. Die Erzieherinnen ahnten, welchem Druck sich Lehrerinnen oft ausgesetzt fühlen, und erkannten, wie sehr sich konzeptionelle Arbeitsgrundlagen von Kindergarten und Grundschule ähneln.

Erzieherinnen und Lehrerinnen aus dem Jenaplanhaus Lübbenau: »Erstmals haben wir uns mit den Bildungsplänen, den Arbeitsgrundlagen der jeweils anderen Profession befasst und dabei erstaunliche Gemeinsamkeiten gefunden.«

Im Jenaplanhaus Lübbenau – Kindergarten und Schule befinden sich in einem Gebäude – wurde ein gemeinsames Büro eingerichtet, gemeinsame Teamzeiten wurden etabliert. Es entwickelte sich eine Zusammenarbeit, die das Ziel hat, Bildungsinhalte über das gesamte Schuljahr hin abzustimmen und sie aufeinander zu beziehen. Bis in die Ferien hinein wird eng kooperiert:

Erzieherinnen und Lehrerinnen aus dem Jenaplanhaus Lübbenau: »Kindergarten- und Schulkinder fahren gemeinsam mit Erzieherinnen und Lehrerinnen in den Sommerferien zwei Mal eine Woche lang in ein Feriencamp.«

Wirkungen auf die Kinder

Nach der Programmlaufzeit erkannten die Pädagoginnen fast aller Einrichtungen eine positive Wirkung der Kooperation auf die Kinder. Wir hatten nicht damit gerechnet, dass sich dieser Effekt so rasch einstellen würde, und fragten immer wieder insistierend nach: Sind Sie sich wirklich sicher, dass die beobachteten Veränderungen durch ponte angeregt wurden? Die Pädagoginnen waren sich sicher.

Erzieherinnen und Lehrerinnen aus Werben: »Auch für die Kinder ist der Übergang viel selbstverständlicher geworden. Sie fühlen sich von Anfang an sicher in der Schule. Diesen Unterschied merken wir sehr deutlich.«

Erzieherinnen und Lehrerinnen aus Guben: »Die Hürde der Einschulung ist für die Kinder kleiner geworden. Sie sind vertraut mit Räumen und Personen. Angst und Fremdheit sind nicht mehr da.«

Erzieherinnen und Lehrerinnen aus dem Jenaplanhaus Lübbenau: »Aus unserer Sicht hat sich auch für die Kinder viel geändert: Sie gehen deutlich lockerer mit dem Übergang in die Grundschule um. Die Einschulung ist sehr feierlich, aber sie markiert keinen großen Umbruch mehr. Wir merken auch, dass Kinder, die nicht bei uns im Kindergarten waren, eine höhere Hemmschwelle haben, wenn sie in die Schule kommen. Da gibt es mehr Ängste.«

Lehrerinnen aus Beeskow: »Wir haben den Eindruck, dass der Druck auf die Kinder, der früher durch den Eintritt in die Schule entstanden ist, durch ponte verschwunden ist.«

Erzieherinnen aus Lübbenau: »Es gibt kein Weinen mehr aus Angst vor der Schule.«

Wirkungen in der Region

Im Zuge von ponte entstanden auch Kooperationen zwischen Verwaltung, Politik, Kindertagesstätte, Grundschule und Eltern. Eine solche Zusammenarbeit von Personen aus all diesen Bereichen hat es zuvor nicht gegeben.

Nachdem die Erfolge des ponte-Programms in Beeskow publik geworden waren, meldeten so viele Eltern ihre Kinder in der »ponte-Schule« an, dass die andere Grundschule Gefahr lief, geschlossen zu werden. In der Gemeinde entstanden Missstimmungen und Irritationen, die letztlich aber zu einem Entwicklungsschub führten: ponte für alle.

Die zweite Beeskower Grundschule und die übrigen vier Kindertagesstätten nahmen Kooperationsbeziehungen miteinander, mit der Schul- und Kindertagesstätten-Verwaltung sowie mit ponte auf. Auch die Elternvertretungen, die sich vorher als Konkurrenten um gute Bildungsbedingungen für ihre Kinder empfunden hatten, kooperieren nun.

Erzieherinnen und Lehrerinnen aus Beeskow: »ponte hat auch die Zusammenarbeit der Eltern verbessert. Elternvertreter aller Kindertagesstätten und Grundschulen treffen sich jetzt regelmäßig.«

Nachdem ponte in der Region bekannt geworden war, forderten die Kolleginnen der Konsultationskindertagesstätte in Letschin Unterstützung bei der Kooperation mit der Grundschule, denn die Einrichtungen waren kein ponte-Tandem.

ponte führte den Bürgermeister, die Kindertagesstätte und die Grundschule zusammen – weitere Kindertagesstätten, Grundschulen und die Bürgermeister aus Neuhardenberg und Golzow kamen dazu. Die Beteiligten verständigten sich darüber, dass die Zusammenarbeit von Kindertagesstätte und Grundschule auch in dieser Region auf der Tagesordnung steht und Chefsache werden muss. Wir gründeten das Bündnis »Lernen im Oderbruch (LIO)«. In der Folge schlossen alle Tandems Kooperationsvereinbarungen ab, thematisierten die flexible Eingangsstufe (Flex) in großer Runde und mit hohem Erkenntniswert für die Verwaltung.

Fazit: Die lokal Verantwortlichen aus Legislative und Exekutive müssen über neue Bildungsanforderung, die heute auf die Kinder zukommen, informiert sein, um ihre Gestaltungsmacht – und sie ist vorhanden! – sinnvoll einsetzen zu können. Ihnen fehlen oft Informationen.

Der Bürgermeister aus Letschin: »Gerade wir im Oderbruch müssen auf frühe Bildung setzen. Das ist eine ganz wichtige Investition in die Zukunft, damit die jungen Familien bleiben und nicht auswandern. Zu diesem Zweck gibt es LIO jetzt. Übrigens: Ich selbst habe auch viel gelernt und weiß jetzt besser, wofür ich mich einsetzen muss.«

Geht es weiter?

Die Tandems arbeiten auch nach dem Ende von ponte weiter. Das hat uns nicht erstaunt, denn das Thema »Kooperation von Kindergarten und Grundschule« rückte in den letzten Jahren in die öffentliche Diskussion. Zufrieden stellten die am ponte-Programm beteiligten Erzieherinnen und Grundschullehrerinnen fest, dass sie in dieser Sache nun einen Entwicklungsvorsprung haben. Erwähnt sei an dieser Stelle, dass das Land Brandenburg den Lehrerinnen eine Wochenstunde für Kooperation zur Verfügung stellt.

Kooperation ist für beide Einrichtungen auf dem Papier verpflichtend. Nun wird diese Verpflichtung auch in der Praxis zur Selbstverständlichkeit, und die Pädagoginnen aus beiden Einrichtungen sehen pädagogische Kooperation mittlerweile als Voraussetzung für die Veränderung der eigenen Arbeit.

Erzieherinnen und Lehrerinnen aus Werben: »Wir haben unsere Jahresplanung für das nächste Schuljahr schon fertig. Es geht weiter wie bisher.«

Erzieherinnen und Lehrerinnen aus dem Fröbel-Kindergarten und der Fröbel-Grundschule: ponte ist uns auch in der Zukunft wichtig. Auch wenn es eng mit der Zeit wird, werden wir deshalb Mittel und Wege finden, weiter miteinander zu arbeiten.

Welche Unterstützung wird gebraucht?

Erzieherinnen und Lehrerinnen aus Lübbenau: »Wir haben die Befürchtung, dass uns Impulse fehlen werden.«

Die Erzieherinnen und Grundschullehrerinnen, die in den ponte-Tandems zusammenarbeiteten, wünschen sich:

1. eine landesweite Kooperationsstelle, also einen Ort, an dem sie Kooperation konkret erleben können, sich über ihre Erfahrungen austauschen, einander beraten und anregen können;
2. Ansprechpartnerinnen, die Konflikte moderieren und Kooperationsprobleme lösen helfen, Fachkenntnisse vermitteln, pädagogische Anregungen zur Kooperation und ihrer Planung geben, in größeren Abständen Entwicklungen kritisch-konstruktiv reflektieren helfen – quasi ein Telefon für schnelle, unkomplizierte und kompetente Hilfe vor Ort;
3. gemeinsame Fortbildungen zu selbst gewählten Themen, die in den Einrichtungen stattfinden.

Eine solche Kooperationsstelle und die dort verankerten Ansprechpartnerinnen haben nicht allein die Möglichkeit, die ponte-Tandems weiterhin beratend und fördernd zu begleiten, sondern können auch alle anderen Einrichtungen in Brandenburg, die Unterstützungsbedarf anmelden, unkompliziert und effektiv erreichen.

Unsicherheit und Zweifel gehören der Vergangenheit an. Heute können wir sagen: ponte hat sich gelohnt. In einer Region, die nicht mit anregenden und fördernden Entwicklungsimpulsen verwöhnt ist, entstanden Orte, an denen die Pädagoginnen sich auf den Weg gemacht haben, ihre Perspektiven selbst zu verbessern – im Interesse der Familien und ihrer Kinder.

Was in Tandemsitzungen passiert
Eine Analyse der Sitzungsprotokolle

Andrea Friedrich, Jörg Nicht
unter Mitarbeit von Marta Freire

Was erfahren wir aus Protokollen über die Arbeit von ponte? Protokolle der Tandemsitzungen wurden im Programm ponte zwischen März 2006 und Juli 2008 geführt. In den Protokollen berichten die Moderatorinnen von den monatlichen Tandem-Sitzungen, an denen Pädagoginnen aus Kindergärten und Grundschulen teilnahmen. Die Moderatorinnen fassten die Diskussionen der Tandemtreffen zusammen und reflektierten den Diskussionsprozess. Diesen Protokollen können wir nur bedingt Hinweise auf die alltägliche pädagogische Arbeit entnehmen. Allerdings gewähren die Dokumente einen Blick auf ein wichtiges Element des Programms ponte: die moderierten Tandem-Treffen. Dass dieser Blick vor allem der Blick der Moderatorinnen ist, ist bei der Auswertung zu reflektieren.

In der folgenden Analyse geht es zunächst um die Bedeutung der Protokolle im Rahmen von ponte. Danach skizzieren wir das methodische Vorgehen. Im Mittelpunkt unseres Beitrages steht die inhaltliche Auswertung der Protokolle unter drei Aspekten: Erstens untersuchen wir, welche Themen in den Protokollen aufgegriffen werden. In diesem Zusammenhang interessiert uns die Frage, ob sich zeitliche Muster finden lassen und wie die verschiedenen Themen protokolliert wurden. Zweitens arbeiten wir heraus, wie sich die Protokolle im Verlauf der untersuchten Zeit veränderten. Anhand dieser beiden Aspekte prüfen wir drittens, inwiefern sich Protokolle als Instrument zur Steuerung und Bewertung von Kooperationsprozessen eignen.

Protokolle als Instrument in ponte

Protokolle sind eine Form von Dokumenten, die als Beleg oder zur Aufzeichnung von Sachverhalten und Entscheidungen dienen und insofern einen prominenten Platz in modernen Bürokratien einnehmen.[1] Protokolle werden aber auch als Reflexionsinstrument bzw. Reflexionshilfe eingesetzt. Entscheidend für die Analyse ist, dass Protokolle nicht als Forschungsinstrumente konzipiert sind, sondern für eine Reihe von Personen einen Zugang zu einer relevanten Wirklichkeit bieten sollen.[2]

Damit die Wissenschaftliche Begleitung und die Programmleitung Einblicke in die Arbeit der Tandems gewinnen und die Entwicklungen aus der Ferne mitverfolgen können, wurden die Tandem-Sitzungen von den Moderatorinnen protokolliert. In ponte sicherten die

1 Vgl. Wolf, Stephan (2000): Dokumenten- und Aktenanalyse. In: Flick, Uwe; von Kardorff, Ernst; Steinke, Ines (Hrsg.): Qualitative Sozialforschung. Ein Handbuch. Reinbek: Rowohlt, S. 502-513.

2 Vgl. ebd.

Protokolle aber nicht nur den Informationsfluss zwischen dem Tandem bzw. der Moderatorin, der Programmleitung und der wissenschaftlichen Begleitung, sondern auch über die Zeit hinweg innerhalb des Tandems. In diesem Fall wurden die Protokolle vor allem von den Moderatorinnen zur Reflexion und Planung verwendet. Im Verlauf der Arbeit von ponte veränderten sich die Protokollformate. Während die Protokolle zu Beginn noch relativ unstandardisiert waren, wurden sie unter Steuerungsgesichtspunkten zunehmend formalisiert, um die Ergebnisse der Tandemgespräche zu systematisieren und zu strukturieren.

Von dieser Steuerungsfunktion kann analytisch die Evaluationsfunktion unterschieden werden. Als Teil der Gesamtevaluation wurden die Protokolle prozessbegleitend eingesetzt, um Informationen über die Inhalte der Kooperationsprozesse zu erhalten. Doch inwieweit können die Protokolle Grundlage für die Evaluation sein? An dieser Stelle setzt unsere Analyse ein: Was erfährt der Leser ohne weitere Kontextinformationen aus den Protokollen?

Um bewerten zu können, inwieweit die Protokolle Informationen für die prozessbegleitenden Akteure bereitstellen, untersuchen wir, wie die Moderatorinnen bestimmte Sachverhalte in den Protokollen thematisierten. Dabei ist auch zu fragen, wann die Themen wiedergeben wurden und welche Brüche sich in der Thematisierung der inhaltlichen Diskurse und des Kooperationsprozesses rekonstruieren lassen. Daran schließt sich die Frage an, welche inhaltlichen Entwicklungen sich für das Protokollieren nachzeichnen lassen.

Methode

Für die vorliegende Analyse wurde aus den vorhandenen Protokollen der insgesamt 29 Tandems eine Auswahl getroffen. Entscheidend für die Auswahl war, dass ein Tandem von Beginn an über Protokolle zu jeder Tandem-Sitzung verfügt, damit sich die Gesamtentwicklung eines Tandems nachvollziehen lässt. Wir haben fünf Tandems ausgewählt, die in drei Bundesländern arbeiteten (Berlin, Rheinland-Pfalz, Sachsen); insgesamt haben wir 56 Protokolle analysiert. Die Protokolle erstrecken sich über ein Jahr; pro Tandem liegen zwischen acht und fünfzehn Protokolle vor. Die Protokolle der ausgewählten Tandems sind standardisiert und enthalten bestimmte Elemente wie eine Zusammenfassung (»Quintessenz«) und »Originaltöne« der Tandem-Teilnehmerinnen. Diese beiden Elemente waren vorrangig Gegenstand der Auswertung.

Die Strukturierung des Materials orientiert sich an der Qualitativen Inhaltsanalyse nach Mayering.[3] Hierzu wurden die Kategorien induktiv aus dem Material gewonnen und in den programmatischen Kontext von ponte gestellt. Im Anschluss an die Entwicklung der Kategorien haben wir das gesamte Material zunächst jeweils einzeln codiert, die Codierungen dann verglichen und intern abgestimmt. Dabei wurde das Kategoriensystem verändert. Die Interpretation erfolgte auf der Grundlage der Quantifizierung des Materials nach zeitlichen Mustern und der Beschreibung der Themen im Zeitverlauf und in ihrer Komplexität.

3 Vgl. Mayering, Philipp (2003): Qualitative Inhaltsanalyse. Grundlagen und Techniken. 8. Auflage. Weinheim: Beltz.

Ergebnisse

Bei der Analyse konnten wir fünf Kategorien herausarbeiten. Das Spektrum der besprochenen Themen reicht dabei von subjektiven Theorien und anthropologischen Annahmen über das Lernen von Kindern bis hin zur Erörterung des Kooperationsprozesses zwischen Kindergärten und Grundschulen. Vier der fünf Kategorien betreffen die inhaltliche Arbeit der Tandems; eine weitere Kategorie betrifft die Kooperation zwischen den Pädagoginnen. Folgende vier Inhaltsbereiche können identifiziert werden: (1) das Lern- und Bildungsverständnis, (2) der Auftrag, die Struktur und das Verständnis der Institutionen Kindergarten und Grundschule, (3) die Inhalte der Zusammenarbeit mit den Unterkategorien »Gestaltung von Übergangsbereichen« und »Elternarbeit« sowie (4) die Hospitation bzw. der Austausch über die eigene pädagogische Praxis. Eine fünfte Kategorie behandelt die Kooperation mit den Unterkategorien »Klärung der Erwartungen der Teilnehmer« und »Reflexion des Kooperationsprozesses« (5).

Kooperationselemente von ponte: Reflexion des Lern- und Bildungsverständnisses und gemeinsames Handeln

Die Kooperation von Kindergarten und Grundschule vollzieht sich auf struktureller und inhaltlicher Ebene. Das Programm ponte zielte zum einen auf eine strukturelle Verzahnung von Kindergarten und Grundschule, beschäftigte sich aber auch mit der Frage der inhaltlichen und curricularen Anschlussfähigkeit der beiden Institutionen. Ein zentrales Anliegen von ponte bestand darin, dass die Beteiligten ein gemeinsames Lern- und Bildungsverständnis entwickeln. Erzieherinnen und Grundschullehrerinnen wurden ermutigt, ihre Kompetenzen im Hinblick auf die Bildungsprozesse der Kinder zu bündeln und dadurch zu stärken.

Die Arbeit an diesem gemeinsamen Verständnis ist ein zentrales Thema der Protokolle, wie wir anhand unserer Analysen zeigen können. In vier der fünf Tandems dokumentieren die Moderatorinnen ausführlich die Auseinandersetzung der Pädagoginnen sowohl mit den eigenen subjektiven Theorien und anthropologischen Annahmen über das Lernen von Kindern als auch mit dem Lern- und Bildungsverständnis der jeweils anderen Institution. Über die Hälfte der Protokolle dieser Tandems enthalten Berichte über das Lern- und Bildungsverständnis, wobei sich die Protokolle darin unterscheiden, wann und wie kontinuierlich davon berichtet wird. In zwei der von uns betrachteten Tandems wird die Thematisierung des Lern- und Bildungsverständnisses ab der ersten Sitzung kontinuierlich bis zum Ende des protokollierten Kooperationsprozesses dokumentiert. Demgegenüber beginnt in zwei Tandems die Berichterstattung erst am Ende des ersten Drittels des Kooperationsprozesses und weist in beiden Fällen kurze Unterbrechungen (ein bis drei Sitzungen) auf. In den Protokollen eines weiteren Tandems wird jedoch der Austausch zu diesem Themenschwerpunkt nur an zwei Stellen erwähnt – einmal zu Beginn und einmal in der Mitte des Kooperationsprozesses.

Für den Aufbau tragfähiger Kooperationsstrukturen erachtete die Programmleitung von ponte gegenseitige Hospitationen von Erzieherinnen und Lehrerinnen, einen Austausch über die pädagogischen Konzepte, Prinzipien und Rahmenbedingungen von Kindergarten und Grundschule sowie die Planung, Gestaltung und Reflexion gemeinsamer Projekte als bedeutsam.[4] Diese Kooperationselemente konnten wir aus der Analyse der Sitzungsprotokolle als zentrale Kategorien identifizieren. Sie treten in den Protokollen häufig gemeinsam auf. So wird von der Auseinandersetzung mit dem Lern- und Bildungsverständnis berichtet, wenn die Hospitation ausgewertet wird; zugleich werden Konzeptionen vorgestellt und die Arbeit an gemeinsamen Schwerpunkten besprochen.

Ein Ergebnis des Austausches von pädagogischen Konzepten und der Reflexion der Hospitationen war die Wahrnehmung von Gemeinsamkeiten, aber auch von Unterschieden in Auftrag und Arbeitsweise von Kindergarten und Grundschule sowie im Lern- und Bildungsverständnis von Erzieherinnen und Lehrerinnen. Die Auseinandersetzung mit den Gemeinsamkeiten und Unterschieden von Kindergarten und Grundschule mündete in allen Tandems in der Suche nach Anknüpfungs- und Schwerpunkten für die gemeinsame inhaltliche Arbeit. Jedes Tandem setzte dabei seine eigenen thematischen Schwerpunkte und arbeitete in eigenen Zeitrhythmen. Aus den Protokollen aller Tandems wird deutlich, dass der Austausch über das Lern- und Bildungsverständnis auch im Rahmen der inhaltlichen Zusammenarbeit des Tandems fortgeführt wurde.

Anhand der Protokolle eines Tandems aus Rheinland-Pfalz soll genauer betrachten werden, wie sich die Pädagoginnen über ihr Lern- und Bildungsverständnis austauschten und dabei an einem gemeinsamen Lern- und Bildungsverständnis arbeiteten: Beim ersten Tandemtreffen formulierten die Tandemteilnehmerinnen ihre Erwartungen an das Projekt. Ein großer Bedarf wurde »in Bezug auf die bisher nicht vorhandenen Kenntnisse der unterschiedlichen Sichtweisen auf das Kind« im Schuleingangsverfahren gesehen, an dem Erzieherinnen, Lehrerinnen und Schularzt beteiligt sind. In der zweiten Sitzung des Tandems sprachen die Teilnehmerinnen über die Zielvereinbarung. Während des Gesprächs sei, so das Protokoll, der Widerspruch deutlich geworden, »einerseits sehr viel voneinander zu wissen, aber andererseits doch sehr wenig. Dieser Widerspruch war spürbar, wurde als solcher verbalisiert und ausgehalten, gleichwohl entstand eine leichte Unsicherheit, verbunden mit der Hoffnung auf Klärung durch Hospitation.« Dieser Aspekt wird im nächsten Protokoll wieder aufgenommen: Bestimmte wichtige Aspekte würden die Teilnehmer voneinander nicht wissen, »obwohl sie selbst immer behaupten, sich gut zu kennen.« In diesem Protokoll berichtet die Moderatorin auch darüber, dass sich die beiden Einrichtungen gegenseitig vorstellten. Dabei habe es einige Überraschungsmomente gegeben, die anhand der Reflexion der Hospitation noch verstärkt wurden. Aus den in das Protokoll aufgenommenen Originaltönen lässt sich die Auseinandersetzung der Pädagoginnen mit den Unterschieden in Auftrag, Strukturprinzipien und im Lern- und Bildungsverständnis rekonstruieren. »Wir finden den täglichen Balanceakt zwischen grundlegender Vermittlung und Bildung und Selektion als zermürbend. Vor allem ab der dritten Klasse, da hört der Spaß tatsächlich auf.« Eine Lehrerin deutet eine Möglichkeit des Umgangs mit dem beschriebenen Dilemma an: »Wir möchten künftig eventuell andere Formen der Leistungsnachweise einführen, aber die Eltern sind immer am schwersten zu überzeugen.«

Eine neue Nuance der Auseinandersetzung kommt im darauffolgenden Protokoll zur Sprache: Obwohl viele Unstimmigkeiten und verschiedene Ansichten im Tandem bestünden, arbeite man gut zusammen und habe den Anspruch, künftig als Einheit im Stadtteil aufzutreten. Nach innen sind unterschiedliche Meinungen und

4 Vgl. Deutsche Kinder- und Jugendstiftung (2006): Tipps für einen guten Übergang vom Kindergarten in die Grundschule. Erfahrungen aus der Pilotphase von ponte. Berlin: DKJS gGmbH.

Ansichten legitim, nach außen bedarf es eines gemeinsamen Auftretens. Gleichwohl sehen die Pädagoginnen die Notwendigkeit eines weiteren Austauschs über die unterschiedlichen Lern- und Bildungsansätze von Kindergarten und Grundschule. Nach der Sommerpause tauschten sich die Pädagoginnen über die Bildungs- und Erziehungsempfehlungen für Kindertagesstätten und die Rahmenlehrpläne aus. Aus Sicht der Moderatorin regte der Vergleich der Pläne mit der konkreten Umsetzung in den Einrichtungen die Reflexion und fachliche Diskussion der Teilnehmerinnen enorm an. Auch die Erzieherinnen und Lehrerinnen bewerten den Austausch als sehr gewinnbringend: »Das ist ja sehr interessant, was dort zu dem Mathematikunterricht der ersten Klasse steht. Wenn wir das wissen, dann können wir auch schauen, was wir schon machen können, um die Kinder dorthin zu bringen.«

Im achten Protokoll des Tandems wird die Differenz der Ansichten der Pädagoginnen wieder aufgenommen: Es wurde wieder heftig über die Freiwilligkeit des Lernens und den Vermittlungsbegriff diskutiert, resümiert die Moderatorin. Im Originalton einer Lehrerin wird deutlich, dass die Wahrnehmung des Auftrags von Schule die Einführung kindzentrierterer Praktiken, wie sie im Kindergarten gepflegt werden, unmöglich erscheinen lässt: »Der markante Unterschied zwischen Schule und Kita ist die klare Zielvorgabe der Schule und die Zeugnisse und Noten. Wir können einfach nicht ein Kind nur nach dem Lustprinzip lernen lassen, auch wenn ich persönlich einsehe, dass man ein Kind zum Lernen nicht zwingen kann.«

Auch in der nächsten Sitzung diskutieren die Tandem-Teilnehmerinnen – laut Protokoll – wieder angeregt zum Thema »Zwang versus Eigenmotivation in Kindergarten und Grundschule« und verständigen sich abschließend darauf, dass viele Kinder beim Übergang in die Grundschule u. a. Probleme mit der veränderten Tagesstruktur und den neuen »Zwängen« haben und deshalb besondere Unterstützung durch die Pädagoginnen benötigen.

Im letzten Drittel des protokollierten Kooperationsprozesses diskutierten die Pädagoginnen differente Ansichten im Lern- und Bildungsverständnis im Rahmen von inhaltlichen Schwerpunkten des Tandems. In der 11. Sitzung wurde die Einführung des Mainzer Einschulungsspiel besprochen. Eine Erzieherin äußerte Skepsis hinsichtlich der diagnostischen Aussagekraft: »Ich denke, dass mir das Mainzer Einschulungsspiel keine neuen Erkenntnisse über das Kind bringen wird, was ich nicht schon in drei Jahren Kindergartenalltag erfahren habe.« Eine andere Pädagogin hinterfragt die Funktion des Einschulungsspiels als Entscheidungshilfe bei Kann-Kindern: »Wenn das Mainzer Einschulungsspiel bei der Entscheidungsfindung der Schulleitung helfen kann, wie verträgt sich dann diese Aussage mit der, dass es kein Selektionsinstrument ist?«

Aus den Protokollen können wir herauslesen, dass eine intensive Auseinandersetzung über verschiedene Inhalte erfolgte. Es deutet sich an, dass verschiedene Elemente – sowohl Reflexion als auch gemeinsames Handeln – erst zu einer Zusammenarbeit führten. Neben der inhaltlichen Auseinandersetzung wurde aber auch eine Beziehungsdynamik in Gang gesetzt, die wir in den folgenden Abschnitten genauer betrachten wollen.

Kooperationsprozesse: Zielvereinbarung und Reflexion

Die Zusammenarbeit als Prozess der Auseinandersetzung stellt ein weiteres Thema der Protokolle dar. Dabei lassen sich die Teilaspekte der Zusammenarbeit anhand des als idealtypisch gedachten Ablaufs eines Kooperationsprozesse anordnen, wie er u. a. in der Managementliteratur beschrieben wird: Zunächst lernen sich die Pädagoginnen kennen, handeln eine Zielvereinbarung aus und gestalten danach ihre Kooperation. Einige Elemente eines solchen Prozesses lassen sich in den Protokollen identifizieren. So werden die Erwartungen der Kooperationspartner aufgegriffen, Zielvereinbarungen getroffen; dabei werden Beziehungen ausgehandelt und reflektiert und auch von der Moderatorin bewertet. Das schließt die Reflexion der Moderatorinnenrolle mit ein. Im protokollierten Kooperationsprozess wird auch auf Workshops Bezug genommen. Entsprechend der zeitlichen Struktur der Kooperation stehen am Ende Perspektiven, die sich für die weitere Zusammenarbeit bieten.[5]

Die Kategorien treten in den Tandems unterschiedlich häufig auf. Auch ein Muster für das zeitliche Vorkommen der einzelnen Unterkategorien konnten wir nicht ermitteln. Anzunehmen wäre, dass die Klärung der Erwartungen eher im Prozess des Kennenlernens erfolgt ist und Aussagen hierüber deshalb zu Beginn des protokollierten Prozesses zu finden sind. Das ist jedoch nicht immer so. Die Erwartungen waren immer wieder Gegenstand der Tandemsitzungen. Dies deutet darauf hin, dass differenziertere Erwartungen an einander eventuell erst im Verlauf des Kooperationsprozesses entstanden sind. Dagegen wird von der Erarbeitung der Zielvereinbarung eher in den ersten Protokollen berichtet. Der Kooperationsprozess verläuft sehr individuell und folgt nicht zwingend dem idealtypischen Muster. Wie die Pädagoginnen – laut Protokoll – Ziele aushandelten und vereinbarten, werden wir im nächsten Untersuchungsschritt analysieren. Danach gehen wir darauf ein, wie der Kooperationsprozess reflektiert wurde.

Die Zielvereinbarung

Zu einem Kooperationsprozess, wie er in ponte geplant ist, gehört, dass Entwicklungsziele definiert und Zielvereinbarungen abgeschlossen werden.[6] Zielvereinbarungen sind – als formales Element – in der Organisationsentwicklung üblich. Einen solchen Stellenwert haben sie aber im pädagogischen Bereich (noch) nicht und müssen entsprechend entwickelt werden, wie das im Programm ponte getan wurde.[7]

Die Zielvereinbarungen wurden von den Moderatorinnen ganz unterschiedlich häufig protokolliert. In zwei der von uns betrachteten Tandems findet die Zielvereinbarung überhaupt keine Erwähnung. Demgegenüber berichteten die Moderatorinnen in zwei anderen Tandems in der ersten Hälfte des protokollierten Kooperationsprozesses kontinuierlich von der Arbeit an der Zielvereinbarung; danach beschrieben sie die Vereinbarung nur noch sporadisch. Im fünften Tandem erwähnte die Moderatorin in einer der ersten Sitzungen die Zielvereinbarung: Die Pädagoginnen sähen den Zielvereinbarungsprozess als bedeutsam an, um gemeinsame Aufgaben erfüllen zu können; sie seien hoch motiviert, über die Zielvereinbarung zu diskutieren. Die Ziele sollten aber realistisch sein, damit sie auch umgesetzt werden könnten. In einer der letzten protokollierten Sitzungen wird ein Element der Zielvereinbarung angesprochen: der Kooperationskalender. Dieses Instrument leiste die verbindliche Festschreibung der Zusammenarbeit.

---

5 In drei der fünf Tandems endet die formale Kooperation mit dem Ende von ponte.

6 Vgl. Deutsche Kinder- und Jugendstiftung a.a.O.

7 Pesch, Ludger; Preissing, Christa; Ramseger, Jörg (2006): Sachbericht der Wissenschaftlichen Begleitung zum Schuljahr 2005/06, INA gGmbH, Freie Universität Berlin.

In den Protokollen eines Tandems aus Sachsen wird der Zielvereinbarungsprozess ausführlich dokumentiert. Diesen protokollierten Prozess möchten wir genauer analysieren, weil die Protokolle nicht nur umfassend sind, sondern für dieses Tandem auch eine Zielvereinbarung vorliegt. Vom zweiten bis zum neunten Protokoll, d. h. von Februar bis Oktober 2007, dokumentierten die Moderatorinnen diesen Prozess. Insgesamt protokollierten die Moderatorinnen für elf der fünfzehn Sitzungen die Arbeit an der Zielvereinbarung. Für die zweite Sitzung notierte die Moderatorin, dass die Begriffe »Handlungsschritt« und »Ziel« definiert wurden. Im folgenden Moderationsprotokoll nimmt die Moderatorin ein Element der Zielvereinbarung auf: den Kooperationsvertrag. Diskutiert wurde vor allem, dass der Vertrag von den Lehrerinnen der Grundschule im Vorfeld der Kooperation geschrieben worden sei, während er den Erzieherinnen des Kindergartens nur zum Unterschreiben vorgelegen habe. Die in das Protokoll aufgenommenen Originaltöne verstärken die Zusammenfassung der Moderatorin: Eine Erzieherin begrüßt die Überarbeitung des Vertrages und erwartet, dass das Tandem ihn dabei neu erarbeitet. Eine Grundschullehrerin formuliert ihre Perspektive: »Ja, aber sicher wird Vieles so stehen bleiben und Einiges werden wir ergänzen.«

Nachdem die unterschiedliche Sicht auf den Prozess der Vereinbarung von Zielen und damit auch ein institutionelles Ungleichgewicht in der (bisherigen) Kooperation von der Moderatorin thematisiert wurde, ist im nächsten Protokoll bedeutsam, dass die Moderatorin vermerkt, dass die Ziele gemeinsam und verbindlich formuliert worden seien. Nach der Moderation vom Mai habe man an der Zielvereinbarung weitergearbeitet: Die Erzieherinnen und Lehrerinnen hätten die Ziele genauer formuliert und darüber diskutiert, woran sie erkennen, dass sie ein Ziel erreicht haben. Für ein Ziel seien Teilschritte formuliert, Termine und Verantwortlichkeiten vereinbart worden. Bei diesem Ziel handelte es sich, wie aus der den Protokollen beigefügten Zielvereinbarung hervorgeht, um die Ausarbeitung eines Kooperationsvertrags. Im Juni (vor der Sommerpause) resümiert die Moderatorin: Die Teams hätten Teilschritte der Zielvereinbarungen differenziert formuliert; bei der intensiven Auseinandersetzung sei ein gemeinsames Projekt entstanden, an dem »Kita-Kinder« und »Grundschüler« beteiligt waren. Fertig lag die Zielvereinbarung erst im September vor, wobei die Moderatorin schon im April-Protokoll vermerkt hatte, dass die Zielvereinbarung im Mai fertig ausgefüllt werde, was als Kennzeichen der Dynamik interpretiert werden kann, die solche Zielklärungen auslösen können. In den späteren Protokollen wird die Zielvereinbarung dann jeweils nur kurz aufgegriffen, um den Stand der Kooperation daran zu messen.

Die Reflexion des Kooperationsprozesses

Für das Programm ponte war die Zusammenarbeit zwischen Erzieherinnen und Lehrerinnen zentral. Im Rahmen der Tandemsitzung kam die Moderatorin als weiterer Akteur hinzu. Aus Sicht von Beobachtern ist nun von Interesse, wie die an den Tandem-Sitzungen beteiligten Moderatorinnen den Kooperationsprozess protokollierten und reflektierten. Aus den Protokollen werden verschiedene Reflexionsebenen deutlich: die Beziehungsaushandlung (1), die Reflexion der Kooperation durch die Erzieherinnen und Lehrerinnen (2) und die Reflexion der Kooperation durch die Moderatorin (3).

(1) Die Beziehungsaushandlung ist mit Originaltönen belegt: Die Tandem-Teilnehmerinnen äußerten sich direkt zu den Kooperationsbeziehungen. Dabei arbeiteten sich die Erzieherinnen und Lehrerinnen insbesondere an der institutionell vorgegebenen Hierarchie ab.[8] In dem Protokoll einer Sitzung, in der der Übergang vom Kin-

dergarten zur Grundschule thematisiert wurde, forderte eine Erzieherin, stärker in das Übergangsgeschehen einbezogen zu werden: »Also ich finde den Ablauf der Schulanmeldung bisher ja sehr unschön. Der Ablauf sollte geändert werden und wir (Erzieherinnen) beteiligt werden.« Bei solchen Aushandlungen der Beziehungen spielen vor allem auch die institutionellen Ungleichheiten eine Rolle, gegen die sich die Erzieherinnen wenden.

(2) Von der Beziehungsaushandlung kann die Reflexion der Kooperation unterschieden werden; sie lässt sich ebenfalls aus den Originaltönen rekonstruieren. Dabei sprachen die Pädagoginnen auch die Schwierigkeiten des Kooperationsprozesses an: »Die Kooperation auf Augenhöhe ist ja gut und schön, aber wir haben ja auch hier gesehen, wie lange das dauert, bis man einigermaßen miteinander sprechen kann.« Neben der Zeit, die als notwendig erachtet wurde, um produktiv zusammenzuarbeiten, bedarf es auch der Kontinuität der Kooperation: »Wichtig ist die Regelmäßigkeit der Treffen, und dass uns von außen jemand begleitet. Ohne diese Strukturen würden wir wahrscheinlich immer noch über Kind xy sprechen.« Auch in einem anderen Zitat wird die Regelmäßigkeit der Tandemtreffen als bedeutsam für die Kontinuität und Effektivität der Kooperation angesehen. Schließlich hoben die Pädagoginnen die Bedeutung der Moderatorin hervor.

Die Protokolle lassen aber nicht immer eine eindeutige Trennung dieser beiden analytischen Ebenen – Beziehungsaushandlung und Reflexion der Kooperation – zu, was auch darauf zurückgeführt werden kann, dass sie aus der Perspektive der Moderatorin verfasst wurden.

(3) Die Moderatorinnen reflektierten den Kooperationsprozess in den Protokollen. Zum einen bewerteten sie bestimmte Entwicklungen im Tandem, insbesondere wie die Kommunikation bzw. der Erfahrungsaustausch verlief: So urteilte eine Moderatorin, dass das Treffen entspannt und konstruktiv gewesen sei. Zum anderen betrachteten die Moderatorinnen ihre eigene Rolle im Kooperationsprozess, wobei sich einige Moderatorinnen als Teil der Tandems begreifen (»wir reflektieren den vergangenen Workshop«), andere Moderatorinnen äußern sich distanzierter: Das Tandem gelange zu seinem eigentlichen Thema. Aber nicht von allen Moderatorinnen wird die Kooperation thematisiert; in Protokollen von zwei Tandems wird sie nur äußerst knapp dargestellt. In den drei anderen Tandems stellt diese Reflexion die Regel dar; so konnten wir für ein Tandem in 12 der 13 Protokolle solche Reflexionen ermitteln.

Gegen Ende der protokollierten Kooperationszeit fasste eine rheinland-pfälzische Moderatorin die Arbeitsergebnisse des Tandems zusammen. Dabei bezog sie sich zunächst auf eine Diskussion im Zusammenhang mit dem Mainzer Einschulungsspiel und gab einen Ausblick auf die nächsten Sitzungen, in denen auch Hospitationen ausgewertet werden sollten. Die Moderatorin äußerte, dass sie auf die Diskussion neugierig sei, und schätzte die bisherige Position der Pädagoginnen zum Übergangsinstrument »Mainzer Einschulungsspiel« als kritisch ein. Ihre Aufgabe als Moderatorin sei es, die Pädagoginnen zur Reflexion anzuregen: »Ich bin gespannt, wie die Diskussion laufen wird, denn das Tandem hat sich sehr gegen eine reflektierte, konstruktiv-kritische Einschätzung des Instrumentes gesperrt. Ich sehe es künftig – verstärkter als bisher – als Aufgabe, die Teilnehmerinnen immer wieder durch Nachfragen und Hinterfragen zur Reflexion zu motivieren und anzuregen.« Aus der Perspektive der Moderatorin nahmen die Pädagoginnen eine noch ungenügend reflektierende

8 Vgl. den Beitrag von Honig und Kreid »Kooperation als Unvereinbarkeitsmanagement« in diesem Band.

Haltung ein, die auch kritisch-konstruktiv sein sollte. Als ihre Aufgabe definierte sie, eine solche Reflexion anzuregen und zwar stärker als bisher. Damit bewertete die Moderatorin nicht nur die Arbeit der Pädagoginnen, sondern sie schätzte ihr eigenes Handeln ein und definierte eigene Ziele. An dieser Stelle liefert das Protokoll nicht nur Informationen über das Geschehen im Tandem, sondern diente der Moderatorin als auch Reflexionsinstrument.

Formale und inhaltliche Entwicklung der Protokolle

Die Protokolle entwickeln sich hinsichtlich Quantität und Qualität im Verlauf der Kooperationszeit. So nimmt die Anzahl der Worte, mit denen die Gespräche zusammengefasst werden (einschließlich der Originaltöne), kontinuierlich zu. In den von uns untersuchten Protokollen eines Tandems aus Sachsen beschreibt die Moderatorin die erste Sitzung mit 13 Worten, die zweite Sitzung mit 43 Worten. Zur Mitte der beobachteten Zeit sind es in der Regel um die 300 Worte; zum Schluss 400 bis weit über 500 Worte.

Die Protokolle werden mit der Zeit formal individueller und inhaltlich ausführlicher und differenzierter. Wie dieser Prozess im Einzelnen verlaufen ist, kann hier nicht analysiert werden. Zu vermuten ist, dass die Moderatorinnen geübter sind im Umgang mit dem Instrument Protokoll und zudem durch den Austausch zwischen den Moderatorinnen auch eine Praxis der Reflexion entwickeln, die sich in den Protokollen niederschlägt.

Fazit und Ausblick

In ihrer Themenvielfalt spiegeln die Protokolle die ganz unterschiedliche Arbeit der Tandems wider. Dabei konzentrierte sich die inhaltliche Arbeit – so sie in den Protokollen wiedergegeben wird – zum einen auf den intensiven Austausch über eigene Vorstellungen von pädagogischem Handeln, zum anderen auf die konkrete Planung und Umsetzung gemeinsamer Aktivitäten. Beide Elemente – Reflexion über eigene Vorstellungen und gemeinsames Handeln – setzten erst eine vertiefte Kooperation in Gang.

In den Protokollen berichten die Moderatorinnen, wie die Pädagoginnen Ziele vereinbarten. Dabei werden unterschiedliche Perspektiven von Erzieherinnen und Lehrerinnen markiert, wie wir an einem sächsischen Tandem zeigen konnten. Kooperationsprozesse sind dabei nie frei von Hierarchien,[9] die wiederum zum Gegenstand der Aushandlung werden können. Anhand der Protokolle eines Tandems aus Rheinland-Pfalz haben wir gezeigt, dass diese Kooperation durch gegenseitige Verstehens- und Missverstehensprozesse gekennzeichnet ist und dass die Moderatorin in den Protokollen nicht nur die Arbeit der Pädagoginnen kommentiert und bewertet, sondern auch ihre eigene Arbeit kritisch reflektiert und daraus Konsequenzen zu ziehen versucht. Das Protokoll liefert nicht nur Informationen über das Geschehen im Tandem, sondern diente einigen Moderatorinnen auch als Reflexionsinstrument.

Die Protokolle wurden im Kooperationsverlauf vor allem länger und zum Teil differenzierter bzw. systematischer und gehaltvoller. Der kurze Blick auf die Form

9 Vgl. Killus, Dagmar (2008): Soziale Integration in Schulnetzwerken: empirische Ergebnisse und Konsequenzen für die Praxis. In: Berkemeyer, Nils; Bos, Wilfried; Manitius, Veronika; Müthing, Kathrin (Hrsg.): Unterrichtsentwicklung in Netzwerken. Konzeption, Befunde, Perspektiven. Münster: Waxmann, S. 315-328.

der Protokolle und die Nutzung der tabellarisch vorgegebenen Kategorien zeigt, dass dadurch nicht ein einheitliches Niveau der Protokolle sichergestellt werden konnte.

Auf der Grundlage unserer Analysen fällt eine Bewertung der Protokolle als Instrument der Steuerung und Evaluation ambivalent aus. Einerseits stellen die Protokolle eine Fülle an Material bereit und informieren über die Themen der Tandems und den Stand der Kooperation. Dabei kann unter anderem erkannt werden, wo die Tandems im Kooperationsprozess stehen, d. h. ob sie z. B. Zielvereinbarungen abgeschlossen haben. Andererseits sind die Protokolle hinsichtlich der Aussagekraft sehr unterschiedlich: Ohne weitere Kontextinformationen lassen sich bestimmte Aussagen nicht ohne intensivere Analyse interpretieren.

Um Protokolle im Kooperationsprozess zu professionalisieren, bedarf es aus unserer Sicht einer stärkeren qualitativen Vereinheitlichung. Diese ist nur durch einen längeren Zeitraum zu erreichen, während dessen sich die Moderatorinnen über das Protokollieren und das Protokollierte austauschen und dies wiederum protokolliert wird. So könnten Protokolle als Vorlage für Fallgespräche dienen und dabei die Reflexion des Kooperationsprozesses angeregt werden. Beim künftigen Einsatz des Instruments müssen die Steuerungsziele geklärt werden, die an das Instrument geknüpft sind. Wer will die Protokolle zu welchen Zwecken nutzen? Zu bedenken bleibt noch, dass die Protokolle keine Aktennotiz über einen »Vorfall« darstellen, sondern die Reflexion eines komplexen Interaktionsprozesses, bei dem die Moderatorin Akteurin in der Kommunikationssituation ist und diesen Prozess zugleich beschreiben und analysieren soll. Ob eine zweite Moderatorin dieses Dilemma teilnehmender Beobachtung lösen oder zumindest abschwächen könnte, bedarf der weiteren Prüfung.

Auf der Grundlage der Protokolle können wir zum Teil differenzierte Informationen über die Themen und die Kooperation der Tandems gewinnen. Dabei muss die begrenzte Aussagekraft, die diesem Dokumententyp zukommt, beachtet werden. Die Protokolle sollten deshalb als Ausgangspunkt für weitere Forschung genutzt werden: Im Anschluss an die Protokolle können konkrete Forschungsfragen formuliert und Beobachtungen sowie Befragungen geplant und durchgeführt werden.

Im Hinblick auf die Nutzung von Protokollen als Steuerungsinstrument wäre es notwendig zu klären, ob es erstens sinnvoll ist, dass alle der an der jeweiligen Diskussion beteiligten Akteure die Gelegenheit haben, ihre Korrektur- und Ergänzungswünsche im Protokoll zu äußern. Zweitens muss geprüft werden, wie welche Informationen formuliert und in eine kurze Kontextbeschreibung eingebettet werden müssen, damit sie auch nicht direkt am Prozess beteiligten Akteuren relevante Aussagen mitteilen können.

Zwischen Kontinuität und Differenzerfahrung

Befunde der externen Evaluation

Iris Nentwig-Gesemann, Gerald Blaschke

Der Übergang vom Kindergarten in die Grundschule stellt eine der bedeutenden Übergangssituationen im Leben eines Menschen dar – ein »kritisches Lebensereignis«[1], eine Transition[2], die Kinder und ihre Familien vor große Herausforderungen und Anpassungserwartungen stellt.[3] Übergänge verändern das Leben, sie sind mit biografischen Wandlungsprozessen verbunden, in ihnen verdichten sich Entwicklungsherausforderungen und -anforderungen. Ob und wie es Kindern gelingt, eine neue soziale Rolle in einer neuen Gemeinschaft und einer bislang weitgehend unbekannten Institution zu finden, an den Herausforderungen zu wachsen, die Erfahrung von Fremdheit und Differenz als Anlass für einen aktiven und ko-konstruktiven Entwicklungs- und Lernprozess[4] anzunehmen und zu nutzen, hängt von einer Vielzahl von individuellen, sozialen und institutionellen Faktoren ab.

Einige Bedingungen, die für eine erfolgreiche, gelingende Bewältigung des Übergangs vom Kindergarten in die Grundschule als zentral gelten, sind aus der Forschung bekannt: Ein Kind, das mit stabilen und wertschätzenden Bindungen aufwächst, das eine hohe Resilienz aufweist,[5] die auch in der Schule weiter gestärkt wird, und dessen Bezugspersonen eine positive Grundeinstellung zur Schule haben, wird – im Durchschnitt – diese komplexe Entwicklungsaufgabe besser bewältigen. Die Sicherung von Kontinuität zwischen den Institutionen und der Einbezug der Eltern in die Übergangsgestaltung erleichtern zweifelsfrei Kindern den Übergang in die Schule: Wenn es auf einer kontextuellen, in-

1 Vgl. Filipp, Sigrun-Heide (1995): Ein allgemeines Modell für die Analyse kritischer Lebensereignisse. In: Filipp, Sigrun-Heide (Hrsg.): Kritische Lebensereignisse. 3. Auflage, Weinheim: Beltz, S. 3-52. Schneider, Ilona K. (2001): Kinder kommen in die Schule. In: Behnken, Imbke; Zinnecker, Jürgen (Hrsg.): Kinder, Kindheit, Lebensgeschichte. Seelze-Velber: Kallmeyer, S. 458-472.

2 Vgl. Cowan, Philip A. (1991): Individual and family life transitions: A proposal for a new definition. In: Cowan, Philip A.; Hetherington, E. Mavis (Ed.): Familiy transitions: Advances in family research. Hillsdale New Jersey: Lawrence Erlbaum, p. 3-30. Griebel, Wilfried; Niesel, Renate (2004): Transitionen. Fähigkeit von Kindern in Tageseinrichtungen fördern, Veränderungen erfolgreich zu bewältigen. Weinheim und Basel: Beltz.

3 Vgl. Petillon, Hanns (1993): Das Sozialleben des Schulanfängers. Weinheim: Beltz. Knauf, Tassilo (1996): Probleme des Übergangs von der Kindertagesstätte in die Grundschule – Elemente für Lösungsstrategien. In: Infans e.V.; Laewen, Hans-Joachim (Hrsg.): Der Übergang von der Kindertagesstätte in die Grundschule. Ministerium für Bildung, Jugend und Sport des Landes Brandenburg, S. 26-42.

4 Vgl. Niesel, Renate (2004): Einschulung – Der Übergang vom Kindergarten in die Grundschule. In: Schumacher, Eva (Hrsg.): Übergänge in Bildung und Ausbildung. Bad Heilbrunn: Klinkhardt, S. 89-101.

5 Vgl. Fröhlich-Gildhoff, Klaus; Dörner, Tina; Rönnau, Maike (2007): Prävention und Resilienzförderung in Kindertageseinrichtungen – PRiK. Trainingsmanual für Erzieherinnen. München: Reinhardt.

teraktionalen und inhaltlichen Ebene Fäden gibt, die die Institutionen miteinander verbinden, also z.B. die Kinder ihre Lehrerin, ihre zukünftigen Mitschüler und die neuen Räumlichkeiten schon vor der Einschulung kennen gelernt haben, vertraute Lerninhalte, Themen und Perspektiven aufgegriffen werden und zwar in einer didaktischen Art und Weise, die den Kindern ein Gefühl von Kompetenz vermittelt, dann kann (lern)hemmenden Ängsten und Verunsicherungen vorgebeugt werden.[6]

Allerdings ist das, was man auch als »Kontinuitätsdoktrin«[7] bezeichnet, auch kritisch zu betrachten. Diskontinuitäten stellen Herausforderungen dar und damit Lernanlässe, Stimuli für Entwicklung. Die Bewältigung von Diskontinuität kann und sollte allerdings pädagogisch begleitet und unterstützt werden. Transitionen sind immer mit einer beschleunigten Form der Veränderung und damit mit Belastungen verbunden, können aber auch eine besonders erfahrungs- und lernintensive Zeit darstellen: »Das biographische Ereignis Schulanfang zeichnet sich durch einen Doppelcharakter aus, der ein Spannungsfeld vielschichtiger Erlebnismöglichkeiten zum Ausdruck bringt. Schulanfang ist somit Entwicklungspotenz und Problempotenzial zugleich.«[8]

Die Einschulung selbst als Lernanlass, als potenzieller Anfang von neuen Lern- und Bildungsprozessen? Im Rahmen dieser Fragestellung eröffnet sich eine neue Perspektive: Irritationen und Störungen gewohnter und regelmäßiger Handlungs- und Denkvollzüge können zum Anlass und Anfang von Lernprozessen und mehr noch: zu Bildungs- bzw. sozialisatorischen Lernprozessen werden. Geulen macht beispielsweise deutlich, dass es gerade dann zu sozialisatorischen Lernprozessen kommt, wenn neue Erfahrungen nicht problemlos eingeordnet oder verarbeit bzw. assimiliert werden können und so zu einer Veränderung (Akkomodation) der gewohnten subjektiven Sichtweise veranlassen.[9] Der »Anfang des Lernens«, so formuliert Meyer-Drawe in diesem Zusammenhang, »reagiert oft nicht auf einen Mangel an Erkenntnis, sondern nistet in einem Überschuss an Welterfahrung.«[10] Die Kinder, die in die Schule kommen, werden mit einem solchen »Überschuss« konfrontiert – sie freuen sich darauf, der Überschuss ist in der Regel sehnsüchtig erwartet. Wenn das Gleichgewicht ins Wanken gerät, wenn bislang zufrieden stellende Antworten, Erklärungen und Lösungsstrategien nicht mehr funktionieren, wenn es ein ›Mehr‹ gibt, das gedanklich und handelnd durchdrungen werden kann und muss, dann beginnt die intrinsisch motivierte Suche und Konstruktion neuer Lösungen. Schneider kommt daher aus biographischer Perspektive zu dem Schluss, dass der Übergang in die Grundschule nicht auf Kontinuität hin zu glätten sei, sondern sein diskontinuierlicher Charakter als Entwicklungspotenz genutzt werden sollte. »Übergänge als Qualitäten des Werdens sind immer dann entwicklungsfördernd, wenn sie individuell passgerecht sowohl bewahrende Momente enthalten, an die angeknüpft werden kann, als auch qualifizierende Momente, die für die Kinder zu bewältigende Herausforderungen darstellen.«[11] Die Pädagoginnen, und auch die

6 Für eine umfangreiche Übersicht zu aktuellen Forschungsergebnissen vgl. Niesel (2004) a.a.O., S. 95 ff.

7 Vgl. Dollase, Rainer (2000): Reif für die Schule? In: Kinderzeit, 51. Jg., H. 2, S. 5-8.

8 Schneider (2001) a.a.O., S. 458.

9 Vgl. Geulen, Dieter (2005): Subjektorientierte Sozialisationstheorie. Weinheim und München: Juventa, S. 240.

10 Meyer-Drawe, Käte (2005): Anfänge des Lernens. In: Benner, Dietrich (Hrsg.): Erziehung, Bildung, Negativität. 49. Beiheft der Zeitschrift für Pädagogik, Weinheim, Basel: Beltz, S. 24-37, hier S. 25.

11 Schneider (2001) a.a.O., S. 472.

Eltern, können dabei den Kindern beim Übergang in die Schule als Ko-Konstrukteure zur Seite stehen.[12]

ponte evaluieren

Zwei Jahre lang begleitete ein externes Evaluationsteam im Auftrag der Deutschen Kinder- und Jugendstiftung das Programm ponte im Land Brandenburg.[13] Aufgrund der Art und Weise des Vorgehens im Rahmen einer formativ angelegten, mit qualitativen Forschungsmethoden arbeitenden Evaluation[14] war mit diesem Blick von außen allerdings zunächst eine Rekonstruktion der ›Innenperspektive‹ verbunden. Am Beispiel von vier ponte-Tandems aus Kindertagesstätte(n) und Schule ging es darum, die Erfahrungen und Orientierungen der beteiligten Erzieherinnen, Lehrerinnen und Moderatorinnen zu erfassen und über einen längeren Zeitraum im Prozessverlauf zu analysieren. In Gruppendiskussionen konnten die Beteiligten über ihre konkreten Erfahrungen und Erlebnisse im Programm berichten und dabei die für sie besonders relevanten Themen ansprechen und diskutieren. Auf diesem Wege wurden die Haltungen und Orientierungen, die Perspektiven und Bewertungen derjenigen erschlossen, die im pädagogischen Alltag das Programm umsetzen. Schließlich konnte anhand von videografischen Aufzeichnungen – insbesondere von ›Schnupperstunden‹, Besuchen der Vorschulkinder in ihren zukünftigen Schulklassen – ein Blick in die konkrete Projektpraxis einiger Tandems geworfen werden. Letztlich ging es bei der Analyse dieser Situationen, in denen sich in verdichteter Art und Weise ein (vorbereitender) Übergang vom Kindergarten in die Schule vollzieht, darum, zu erschließen, welche (neuen) Erfahrung(smöglichkeit)en den Kindern durch die Kooperation zwischen Kindergarten und Grundschule eröffnet wurden.

ponte als Brücke

Durch die Mitarbeit im Programm ponte wurden einerseits bereits bestehende Kooperationen zwischen Kindertagesstätten und Grundschulen stabilisiert sowie intensiviert und die Zusammenarbeit erhielt neue Impulse. Andererseits vermochte ponte in den Tandems, in denen die Pädagoginnen vor Programmbeginn keine Kontakte pflegten (und dies war zum Teil auch dann der Fall, wenn die Institutionen räumlich unmittelbar aneinander angrenzen!), tatsächlich eine Brücke zwischen zwei zuvor voneinander getrennten Erziehungs- und Bildungskulturen zu bauen. Die anfängliche Skepsis (»ach du Gott, schon wieder ein Projekt? Das artet ja langsam in Aktionismus aus!«), wich mit den ersten Gesprächen und Hospitationen in den Tandemeinrichtungen schnell einem gegenseitigen Interesse. Die Phase des Programmbeginns war vor allem durch das gegenseitige Kennenlernen innerhalb der Tandems und durch inten-

12 Vgl. Kellermann, Ingrid (2008): Vom Kind zum Schulkind – Die rituelle Gestaltung der Schulanfangs in einer jahrgangsgemischten Lerngruppe. Leverkusen, Opladen: Budrich UniPress.

13 Wir danken Claudia Hanns und Kathleen Rappolt herzlich für ihre Mitarbeit!

14 Vgl. Nentwig-Gesemann, Iris (2006): Dokumentarische Evaluationsforschung. In: Flick, Uwe (Hrsg.): Qualitative Evaluationsforschung – Konzepte, Methoden, Umsetzungen. Reinbek bei Hamburg: Rowohlt, S. 159-182. Nentwig-Gesemann, Iris; Bohnsack, Ralf (2006): Dokumentarische Evaluationsforschung und Gruppendiskussionsverfahren. Am Beispiel einer Evaluationsstudie zu Peer-Mediation an Schulen. In: Bohnsack, Ralf; Przyborski, Aglaja; Schäffer, Burkhard (Hrsg.): Das Gruppendiskussionsverfahren in der Forschungspraxis. Opladen: Verlag Barbara Budrich, S. 267-283.

sive Gespräche der Pädagoginnen und Pädagogen über mögliche Formen und Themen der Zusammenarbeit geprägt. Über diese eher ›pragmatische‹ Ebene hinaus, entspann sich auch ein Austausch über das (zum Teil sehr unterschiedliche) Bild vom Kind, die Vorstellungen von Lernen, Erziehung und Bildung in den verschiedenen Institutionen und über das jeweilige professionelle Selbstverständnis. Die Bewusstwerdung von Differenzen zwischen den beiden institutionellen Kulturen, das Staunen über die Fremdheit zweier unmittelbar aneinander anschließender Bildungsinstitutionen löste zum Teil intensive Diskussionsprozesse aus, wie sich auch im folgenden Transkriptausschnitt andeutet:

- Erzieherin 1:
  Als die Lehrer bei uns in der Kita hospitiert haben, hatten wir eine Aufgabe gestellt: Welche Bildungserfahrungen machen Kinder in unserer Kita? Also mit dieser Frage im Kopf sollten die Lehrer bei uns in der Kita beobachten.
- Erzieherin 2:
  Also das ist auch meine erste Erinnerung an ponte und bei dem Auswertungsgespräch war für mich schon klar: Wenn ich der Bildung von Kindern auf die Spur kommen will, muss ich meine Einstellung, meine Sichtweise haben, wie Kinder sich bilden. Die Lehrer haben ganz andere Sachen herausgefunden; die Sichtweise auf das Kind ist ja die grundlegende Voraussetzung, ob ich es annehme oder nicht. Da war es für mich auch schon: »aha, guck mal die Lehrer!« Das ist ein Prozess, den jeder machen muss, und ich denke mal, dass man sich im Elementarbereich und im Primarbereich angleichen muss.

War die Kommunikation erst einmal in Gang gesetzt, erschien ein Prozess der Aneinander-Annäherung unausweichlich: Wenn Erzieherinnen und Lehrerinnen kooperieren sollen, dann müssen sie – zumindest mittelfristig – ein gemeinsames Bildungsverständnis entwickeln. Der Weg dahin ist allerdings – nicht zuletzt durch eine jahrzehntelange weitgehende Trennung der beiden Institutionen und ein unterschiedliches Professionsverständnis – nicht einfach: Zum Teil formulierten Lehrerinnen den eindeutigen Anspruch, dass die Kinder im Kindergarten auf die Institution Schule vorbereitet werden müssen, in der dann das »richtige Lernen« beginnt. Zuweilen erschien diese Hierarchie zwischen Kindergarten und Grundschule – von beiden Seiten – weitgehend unhinterfragt; Lernen und Bildung wurde primär als Aufgabe der Schule zugeordnet.

Allerdings eröffnete ponte auch hier Möglichkeiten und Wege der Bearbeitung und ›Verflüssigung‹ dieser Unterschiede und Grenzen. Einige Lehrerinnen praktizierten entweder bereits eine Unterrichtspraxis, die sich an einem ganzheitlichen Bildungsverständnis orientierte, oder aber äußerten zumindest den Wunsch, auch sie könnten sehr viel stärker den Bildungsimpulsen und individuellen Bedürfnissen der Kinder folgen. Hin und wieder wurde also plötzlich die Arbeit der Erzieherinnen zum ›Vorbild‹ für Lehrerinnen: »So möchten wir eigentlich auch arbeiten!« In der derzeitigen pädagogischen Diskussion bewegen sich Frühpädagogik und Grundschulpädagogik ebenfalls deutlich aufeinander zu: Auch die Erzieherin im Kindergarten braucht heute Fachdidaktik, wenn sie sich den verschiedenen Bildungsbereichen zuwendet. Außerdem gehört Projekt- und Freiarbeit, Wochenplan und ein Anknüpfen an den individuellen Bedürfnissen und Begabungen der Kinder schon heute zur Praxis vieler Grundschullehrerinnen.

Die Evaluation zeigte, dass sich zum Teil einander ›fremde Welten‹ begegneten, dass die Professionellen auf beiden Seiten oft nur wenig von der Arbeit der jeweiligen anderen wussten, ihre Annahmen eher von vorgefassten Meinungen und Vorstellungen (z.B. eigenen Schulerfahrungen) geprägt waren und allein das Schaffen von Begegnungs- und Gesprächsmöglichkeiten durch ponte neue Erfahrungs- und Reflexionsräume eröffnete, die nach und nach – nicht ad hoc! – als Bereicherung empfunden wurden. Dazu ein Zitat aus einer Gruppendiskussion:

»Und ich muss sagen, mir war das zunächst nebulös, trotz Einführungsveranstaltung, was uns da erwartet, wie die Zusammenarbeit aussehen kann. Auch nach dem ersten Treffen war mir das auch noch nebulös, weil wir ja erstmal sehr mit Kennenlernen auch beschäftigt waren. Das muss ich sagen, das ist erst so in der zweiten Hälfte der Zeit, die wir hatten, dass ich merke, dass mich das stark interessiert und dass ich denke, da kommt richtig was bei raus für uns.«

So bot das Programm ponte generell wichtige Anlässe für Reflektionen und Entwicklungsprozesse: Auch in Tandems, die bereits zuvor (beispielsweise zu DDR-Zeiten) eine Zusammenarbeit pflegten oder planten, ihre Kooperation (wieder) zu intensivieren, konnte das Programm neue gemeinsame Initiativen, Herangehensweisen und Sichtweisen anstoßen:

»Ich möchte auch sagen, auch vor ponte haben wir schon langsam miteinander gearbeitet. Das war nicht so, dass diese Sache gänzlich am Boden lag, aber es war jetzt sehr sehr wichtig, dass dieses Projekt noch einmal diese ganze Sache angeschoben hat, dass wir jetzt noch einmal ganz neu darüber nachgedacht haben, dass diese ganze Zusammenarbeit zwischen der Schule, zwischen den Kitas, eine ganz hervorragende Sache ist, um auch für die Entwicklung jedes einzelnen Kindes hier auch wirklich was tun zu können.«

Brücke zu neuen Wegen?

Auf der Grundlage der positiven und selbst-aktivierenden Erfahrungen, die die Tandems durch die Mitarbeit im Programm ponte machen konnten, entwickelten insbesondere einige Erzieherinnen-Teams sehr viel Selbstbewusstsein in Bezug auf die eigene Arbeit und mögliche weitere Initiativen mit der Schule. In den Gruppendiskussionen zeigte sich deutlich, dass besonders die Kindergarten-Teams immer wieder kritisch ihre eigene Arbeit vor dem Hintergrund der Projektinhalte reflektierten und sich auf den Weg machten, ihre Arbeit neu zu denken und neu zu gestalten:

- Erzieherin 1:
  »Wir haben das innerhalb des Kindergartens ausprobiert; dieses ›ponte‹ anzuwenden. Denk mal an unsere beiden Gruppen: Ich hab eine jüngere Gruppe, sie hatte eine ältere Gruppe. Mit einmal haben wir hier sehr viel verändert. Es war mehr Offenheit im ganzen Haus gewesen zumindest in unseren beiden Gruppen.«
- Erzieherin 2:
  »Naja, wir sind zur offenen Arbeit übergegangen.«

»Dieses ponte anwenden« – hier wird deutlich, dass das Programm aus der Perspektive dieser Erzieherinnen viel mehr ist als ein abzuarbeitendes Arbeitsprogramm. Es ist zu einer pädagogischen Philosophie geworden, zu einer Art ›Koordinatensystem‹, das die Innovation der pädagogischen Arbeit über einen längeren Zeitraum zu inspirieren und zu leiten vermag.

Die daraus resultierende deutlich gesteigerte Selbstwirksamkeitsüberzeugung und Entwicklung von eigenen Ideen konnte von den Moderatorinnen begleitend unterstützt werden. Somit hatten diese eine zentrale, allerdings auch sehr schwierige Rolle, die im Prozessverlauf der Kooperation der Tandems kontinuierlich reflektiert und an deren Bedarfe angepasst werden musste. Sie standen vor der Aufgabe, im Verlauf ihrer Begleitung der Teams die Balance zu halten zwischen Fordern und Steuern einerseits, Fördern und Begleiten andererseits. Dort, wo die Moderatorinnen, insbesondere zu Beginn der Kooperation, strukturierten, organisierten, Fragen stellten und Projekte, die aus den Teams heraus entwickelt wurden, unterstützten bzw. beschleunigten, wurden sie als positiv und hilfreich wahrgenommen und erwiesen sich als wichtiger Motor der Zusammenarbeit im Programm. Zur zentralen professionelle Herausforderung der Moderatorinnen wurde, zu anregenden und prozessunterstützenden Bildungsbegleiterinnen für die Teams zu werden – auch bei Umwegen.

Gemeinsame Projekte von Kindergarten und Schule sowie gegenseitige Besuche

Die gemeinsamen Projekte und die gegenseitigen Hospitationen der Pädagoginnen und Pädagogen bei ihren Kolleginnen in der Schule bzw. im Kindergarten stießen besonders intensive Diskussions-, Reflektions- und Lernprozesse innerhalb der Teams an. Sich zu kennen, wurde zum Fundament der Zusammenarbeit:

»Wir sind jetzt öfter mal hier, weil wie gesagt, man kennt sich, man ist sich nicht mehr fremd, schon allein jetzt nur wir Erwachsenen, ohne jetzt erstmal auf die Kinder zu schauen.«

Über die Möglichkeit des Einblicks in den pädagogischen Alltag des jeweiligen Tandempartners stieg auch die Anerkennung sowie die Achtung vor der Tätigkeit der Kolleginnen. Darüber hinaus wurden im Hinblick auf die Einschulung noch deutlicher als zuvor die großen Veränderungen und Herausforderungen erkannt, die die Kinder und ihre Familien mit diesem Übergang zu bewältigen haben. Auf beiden Seiten erschien es nun dringend erforderlich, den Übergang bewusster und ›fließender‹ zu gestalten und voneinander zu lernen. Was es heißt, plötzlich Schulkind genannt und als solches behandelt zu werden und es doch noch gar nicht sein zu können, weil das Kind sich in eine andere Kultur erst einleben muss – das wurde Lehrerinnen und Erzieherinnen hier besonders deutlich. Eine Lehrerin formulierte dies folgendermaßen:

»Ich kann mich jetzt besser in die Kinder hineinversetzen; die kommen hier aus ihren warmen Nestern, sag ich mal, behütet, umsorgt und in unseren großen Wuselbetrieb. Uns sind die Kinder fremd und bis wir nun erstmal jedes Kind so ungefähr kennen gelernt haben, mit seinen Stärken und Schwächen … für mich steht schon fest, dass ich im nächsten Jahr, wenn dann halt wieder neue Kinder dazu kommen, irgendwie noch einen Tick vorsichtiger mit denen umgehe!«

Schließlich wurden von beiden Seiten die Effekte des sich Kennenlernens als ausgesprochen wertvoll empfunden: Nicht nur für die Kindergartenkinder erschien es hilfreich, ihre künftige Lehrerin, ihre Mitschüler, die räumlichen Begebenheiten und schulischen Abläufe kennen lernen zu können, sondern auch die Lehrerinnen schätzten es sehr, sich ein konkretes Bild von ihren zukünftigen Schülern und Schülerinnen machen zu können. Diese Erfahrungen wirkten sich letztlich positiv auf die Praxis und für die Kinder aus: Die Grenze zwischen Kindergarten und Schule war nicht mehr ganz so klar gezogen, die Schwelle beim Übertritt vom Kindergarten in die Schule nicht mehr ganz so beträchtlich – der Schritt ins beängstigend ›Unbekannte‹ wurde zum Schritt ins aufregend ›Neue‹.

Vor diesem Hintergrund ist für das Übergangsmanagement vom Kindergarten in die Schule generell hervorzuheben, dass die Besuche – der Pädagoginnen und der Kinder – auf jeden Fall in beide Richtungen erfolgen sollten. Im Rahmen eines Austauschs, der auf Gegenseitigkeit und Reziprozität beruht, können die unterschiedlichen Arbeitsweisen und Bildungsverständnisse beider Seiten erkannt, bedacht und besonders produktiv diskutiert werden. Der zentrale Faktor, um dieses große Potenzial nutzen zu können, ist Zeit – Zeit dafür, diese wichtigen Erfahrungen gemeinsam reflektieren zu können, Perspektiven zu entwickeln und sich auf den Weg zu einem gemeinsamen Bildungsverständnis sowie weiterer Kooperationen im Interesse der Kinder zu machen.

Die Gestaltung des Übergangs

Am Beispiel der Analyse von Videosequenzen, in denen Vorschulkinder zu sogenannten ›Schnupperstunden‹ in zwei verschiedene Schulen eingeladen waren, sollen exemplarisch verschiedene Erfahrungen des Übergangs anhand der Perspektive der Kinder rekonstruiert werden.

Szene 1:

Die Kinder kommen hier zum ersten Mal mit ihren Erzieherinnen in die Schule. Sie erleben dabei, dass es sich um einen besonderen institutionellen Kontext mit klaren Strukturen und Regeln handelt. Noch sind sie die Fremden, die von außen, wie bei einer Expedition, in einen noch nicht verständlichen Raum eindringen. Die Lehrerin erwartet die Kinder an der Schwelle zum Klassenzimmer – die Situation des Übergangs in ein anderes Setting wird deutlich markiert, es wird eine soziale Ordnung kenntlich gemacht, nach der die Kindergartenkinder noch nicht zur Klasse dazugehören. Ein Kindergartenkind bringt es für sich auf den Punkt: »Wir sind die Neuen« – sagt es beim Eintritt in die Klasse und antizipiert damit schon die Zugehörigkeit, die mit dem Akt der Einschulung später feierlich besiegelt werden wird, andererseits stellt es auch den Status des Novizen fest: Im Raum sitzen die Erfahrenen, die Experten und im Kontrast dazu sind sie eben »die Neuen«, die – so bringt der Junge es weiter etwas schüchtern vor – erst einmal »gucken wollen«. Sich dem Fremden mit allen Sinnen nähern, Erfahrungen machen, wissend, dass man noch nicht alles weiß, was notwendig ist in der Schule, bereit sein für diesen Schritt, das drückt der Junge hier aus.

In der Reaktion der Lehrerin dokumentiert sich zweifellos eine bestimmte Vorstellung davon, wie in der Institution Schule der pädagogische Bezug zwischen Lehrerin und Kind herzustellen ist und auszusehen hat. Sie übernimmt von Anfang an die Führung, sie entscheidet, wie sich das Kind in der Schule zu verhalten hat: »Nur gucken gibt es hier nicht – wirst dich gleich wundern!«

Endlich Schulkind werden – wird hier die Erwartung zur Bedrohung, das aufregende Fremde zum unberechenbaren und überfordernden Unbekannten? Auch die vorsichtige Ergänzung eines anderen Jungen, »wir wollen ein bisschen lernen«, kann sie daher nicht stehen lassen: »Ein bisschen? Hier wird richtig gelernt!« Dass Lernen und Schule zusammengehören, weiß das Kind, und es drückt seine Bereitschaft und Erwartung aus, diese Herausforderung anzunehmen. Im Kindergarten hat es schon gelernt, Lernen ist bis zur nahenden Einschulung etwas Ganzheitliches, quasi nebenbei sich Vollziehendes, das keinen bestimmten, besonderen Ort braucht, keine institutionelle Verregelung – Lernen kann man überall.[15] »Richtig lernen« – in dieser Aussage dokumentiert sich implizit auch eine Abwertung der Lernprozesse, die das Kind bereits selbstständig bzw. begleitet durch seine Eltern und Erzieherinnen vollzogen hat. Das »richtige Lernen« findet eben in der Schule statt, im Kindergarten werden maximal, so ein immer noch gebräuchlicher Terminus der Grundschulpädagogik, »Vorläuferkompetenzen« angelegt.

Auch im weiteren Verlauf der Szene zeigt sich die Lehrerin als perfekte Dirigentin eines auf sie eingestimmten Orchesters: Die Schulkinder wissen bereits, wann sie in chorischer Form auf ihre Fragen zu antworten haben und wann sie sich melden müssen; und das alles, ohne dass die Lehrerin deutlich explizieren müsste, was sie erwartet. Die Schulkinder können auf ihr in der Praxis erworbenes Erfahrungswissen zurückgreifen, über das die Kindergartenkinder, das wird ihnen hier deutlich gemacht, eben noch nicht verfügen. Sie werden bei ihrem ersten Besuch gleich an die schulische Ordnung mit deren Regeln und Prinzipien herangeführt: Neben der Tatsache, dass man hier nun offenbar nicht mehr wie selbstverständlich lernt, sondern lernen muss und zwar richtig, gilt es auch den Körper in eine schuladäquate Form zu bringen. Man sitzt am Tisch; Stuhl und Tisch sind zentrale Requisiten einer spezifischen schulischen Haltung: Die maximale Minimierung körperlicher Beweglichkeit zielt auf eine Beschränkung der Motorik auf Hände und Kopf; die Sitzordnung prädestiniert die synchrone Vermittlung überwiegend schriftgebundener Inhalte an eine größere Anzahl von Kindern; der Aufmerksamkeitsfokus ist auf die vorn, an der Tafel stehende Lehrerin gerichtet, die mit Sprache, Mimik und Gestik ihre Klasse orchestriert. Die tafel- und lehrerzentrierte Sitzordnung erleichtert zweifellos das Einspuren von Kindern in eine bestimmte Form unterrichtlicher Abläufe. Auch dass man sich melden muss, wenn man reden will und dass die Zuteilung des Rederechts bei der Lehrerin liegt, lernen die Kinder hier. In den chorischen Antworten hat sich der Einzelne in die von der Lehrerin gelenkte Gemeinschaft einzufügen; als Individuum kommt man dann zu Wort, wenn die Lehrerin dies einfordert, und man hat dann eine richtige Antwort gegeben, wenn die Lehrerin die Antwort als richtig anerkennt.

Szene 2:

Auch in dieser Szene kommen die Kinder im Rahmen einer Schnupperstunde zum ersten Mal in die Schule. Sie betreten ihr Klassenzimmer zusammen mit der Lehrerin und den Erzieherinnen. Nachdem zuvor das Schulgelände besichtigt wurde, wird in dieser Szene eine Transition markiert. Hier wird beim Eintreten in das Klassenzimmer ein anderer, neuer Kontext erschlossen. Die Rahmung ändert sich, die Gruppe ordnet und formiert

15 Vgl. Honig, Michael-Sebastian; Joos, Magdalena; Schreiber, Norbert (2004): Was ist ein guter Kindergarten? Weinheim, München: Juventa, bes. S. 119-227.

sich, geht in einer Reihe hinter der anführenden Lehrerin her, leise, in die zukünftigen Räume des Lernens, die Räume der Großen. Es entsteht der Eindruck eines geradezu feierlichen Übertritts in etwas Neues. In die Schule zu kommen, ist etwas Besonderes, viele Kinder fiebern der Einschulung entgegen, da sie bedeutet, endlich groß zu sein. Dieses Bedürfnis ist hier aufgehoben – zugleich vermittelt das gemeinsame Betreten der Klasse mit der Lehrerin, dass die Kinder von ihr begleitet werden und den ›Einzug‹ in die Schule nicht allein bewältigen müssen. Am Ende der Szene sammelt die Lehrerin – auf einem Stuhl sitzend – die Kinder auf dem Boden um sich. Die Art und Weise wie sie dies tut, vermittelt den Kindern, dass es in dieser Klasse nicht vorrangig um das Einordnen in eine vorgegebene Schülerrolle geht, die vom Leise-Sein und Still-Sitzen geprägt ist, sondern dass Schüler-Sein gleichsam heißt, von einer bestimmten und zugleich sanften Begleitung einer Lehrerin unterstützt sowie Teil der Gemeinschaft einer unterstützenden Kindergruppe zu sein. Die Kinder werden hier schon allein durch die (fehlende bzw. selbst herzustellende) Sitzordnung symbolisch in den Kreis der Schulkinder aufgenommen: Ihr Platz ist nicht hinter einem Tisch, auf einem Stuhl, sondern inmitten der Kindergruppe, die Lehrerin an ihrer Seite. Das Setting dieses Besuchs ist den Kindern aus dem Kindergarten vertraut und vermag ihnen damit Zuversicht zu vermitteln, dass sie mithilfe der Lehrerin und den Mitschülerinnen den Anforderungen der Schule gewachsen sein werden. Die Lehrerin nennt das »Spielen« dann im Gespräch mit den Kindern als wichtige Tätigkeit in der Schule und greift damit etwas ihnen Vertrautes und Lustvolles auf und markiert zugleich, dass Spielen Lernen ist, dass sie natürlich auch im Kindergarten gelernt haben und dass Lernen in der Schule einen spielerischen Charakter haben kann, sie also mit dem Schuleintritt nicht plötzlich ihre Praxis gänzlich verändern müssen. Die Aussage der Lehrerin: »Das Spielen hilft uns beim Lernen«, gibt den Kindern das Vertrauen, dass sie das, was sie zum Lernen brauchen ja schon haben, nämlich die Fähigkeit, sich die Welt spielend – lernend anzueignen. Danach bringt die Lehrerin immer ein Schulkind und ein Kindergartenkind zusammen – nicht sie ist diejenige, die den Kindern zeigen wird, wo es lang geht in der Schule, von der allein das Lernen abhängt, sondern die anderen Kinder werden hier von Anfang an als diejenigen eingeführt, die zu den Helfern und Begleitern der jüngeren Kinder werden.

Diese beiden Szenen verdeutlichen exemplarisch, dass in wenigen Minuten ganz unterschiedliche Brücken zwischen Kindergarten und Schule gebaut werden können. Das mikroanalytische Vorgehen ermöglichte eine Rekonstruktion der Gestaltungspraxis der Schnupperstunden sowie der Orientierungen und Haltungen der Schule und dem Lernen gegenüber, die in dieser Praxis transportiert werden. Jeder Brückenbau mag auf seine Art und Weise durchaus funktional sein – dennoch müssen sich Pädagoginnen sicher die Frage stellen, ob die Art und Weise wie sie den Übergang gestalten, mit dem Bild vom Kind und dem professionellen Selbstverständnis, das sie anstreben bzw. das im Projekt ponte angestrebt wird, übereinstimmt.

Verstörungen und Irritationen als Lernanlässe

Die durch ponte ausgelösten und begleiteten Begegnungen der unterschiedlichen Kulturen von Schule und Kindergarten sowie die Tandem-übergreifenden Diskussionen führten bei den Pädagoginnen nicht selten zu Ver-Störungen und Irritationen. Dieser Effekt ist positiv zu bewerten, da Lernprozesse ihren Ausgangspunkt bevorzugt bei solchen irritierenden Erfahrungen des Anderen und Fremden nehmen.[16] So zeigte sich beispielsweise anhand der Interpretation der Videoaufnahmen, dass nach rund einem Jahr in und mit ponte die Schnupperstunden stärker kindzentriert und ko-konstruktiv gestaltet wurden. Darüber hinaus dokumentierte sich in den Gruppendiskussionen allgemein, dass die mit ponte bzw. der sich entwickelnden Kooperation zwischen Lehrerinnen und Erzieherinnen verbundenen Irritationen (und auch die zuweilen zunächst damit verbundenen Abwehrtendenzen) entscheidende und zentrale Auslöser für intensive und kontroverse Diskussionsprozesse, für Prozesse der kritischen Reflexion und Selbstreflexion sein konnten. Die Entwicklung von neuen Perspektiven und innovativer Praxis aus den Teams bzw. Tandems heraus nahm ihren Ausgang letztlich von diesen Störungen der zuvor eingespielten Alltagspraxis. Hier wurden Entwicklungs- und Lernprozesse in Gang gesetzt, die allerdings dringend (mehr) Kontinuität und die Zeit benötigen, um Verstörungen und Irritationen wirklich aufarbeiten und reflektieren zu können.

Ein Fazit

Erzieherinnen und Lehrerinnen verließen durch ponte die Spur der eigenen institutionellen und persönlichen Berufspraxis, wandten ihren Blick hinüber zu einem anderen (institutionellen und pädagogischen) Ufer und konnten von diesem Blickwinkel aus nun auch sich selbst aus einer anderen Perspektive sehen. Die Brücke, die diese beiden Ufer verbindet, wurde nicht immer sofort gesehen, war manchmal schon zu Beginn der Zusammenarbeit im Programm sehr stabil und breit, manchmal noch eine Hilfskonstruktion, die von denjenigen, die sie beschritten, etwas Mut erforderte. Der Mut und das Beschreiten der Brücke scheinen sich jedoch auszuzahlen: Mit der Zeit entstanden mit ponte tragkräftige Brückenpfeiler, die einen wertvollen persönlichen und regen pädagogischen Austausch zwischen den Institutionen bzw. den Pädagoginnen ermöglichten. Pädagogische Handlungspraxis konnte durch ponte oft in eine reflexive und diskursive Praxis transformiert werden, ein gemeinsames Nachdenken über und Neudenken von Praxis wurde initiiert, die Zusammenarbeit wurde selbstverständlich(er) und damit hat das Programm wichtige Professionalisierungs- und Qualitätsentwicklungsprozesse angestoßen und unterstützt.

16 Vgl. Einleitung

Entwicklungen erkennen und verstehen
Eine evaluationstheoretische Nachlese

Christa Preissing

Interne Evaluation als Entwicklungsinstrument

Zwei der in diesem Kapitel vorgestellten Evaluationsberichte, der von Frauke Hildebrandt sowie der von Andrea Friedrich und Jörg Nicht, liefern eine interne Einschätzung zu den Entwicklungsergebnissen von ponte. Beide Berichte geben Aufschluss über wichtige Ergebnisse einer aus mehreren Schritten bestehenden internen Evaluation in ponte, die das Programm begleiteten. Beide Beiträge beziehen sich auf Selbstaussagen der beteiligten Pädagoginnen und Pädagogen bzw. auf die von den Moderatorinnen und Moderatoren angefertigten Dokumente über die Kooperationsprozesse. Und: Sie stammen aus der Feder von ponte-Mitarbeitern. Damit ist zwangsläufig verbunden, dass sie implizit oder explizit nach positiven Ergebnissen suchen. Denn niemand, der oder die selbst Verantwortung für einen Prozess mit trägt, ist in erster Linie daran interessiert, Misserfolge der eigenen Arbeit zu entlarven. Und doch: Wenn sich positive Ergebnisse der eigenen Anstrengung durch eine interne Evaluation herauskristallisieren, dann wird der Motor für weitere Anstrengung stärker; dann wächst aber auch die Bereitschaft zur selbstkritischen Prüfung und weiteren Entwicklung der eigenen Arbeit und der eigenen Bildungsprozesse.
Aus diesem Grunde waren interne Evaluationsprozesse – auch wenn sie explizit nicht immer als solche bezeichnet wurden – kontinuierliches Begleitinstrument für das Entwicklungsprogramm.[1] Sie wurden durch explizite Evaluationsverfahren ergänzt.

Interne Evaluation als Verständigungsprozess

Monatliche fünf- bis sechsstündige Treffen zwischen den Moderatorinnen und Moderatoren aller ponte-Standorte, den Mitarbeiterinnen und Mitarbeitern der wissenschaftlichen Leitung der INA und der Programmleitung der DKJS dienten der systematischen Reflexion zum Stand der ponte-Arbeit in den einzelnen Tandems bzw. den Regionen. In den meisten Fällen waren diese Reflexionen gepaart mit der intensiven Verständigung über einen inhaltlichen Schwerpunkt der ponte-Arbeit entlang eines fachlichen Inputs, zu dem manchmal auch externe Expertinnen bzw. Experten eingeladen waren. Diese inhaltlichen Schwerpunkte wurden oft in mehr als einer Sitzung bearbeitet, sie standen immer in Verbindung mit den Zielen des Entwicklungsprogramms ponte, waren also durch das Programm in gewisser Weise vorgegeben und damit nicht beliebig. Innerhalb dieses Rahmens wurden sie von den Moderatorinnen und Moderatoren entsprechend ihrer jeweiligen aktuellen The-

1 Siehe hierzu auch den Beitrag von Jens Hoffsommer und Jörg Ramseger »Qualität schlägt Brücken« in diesem Buch.

men in den Tandems ausgesucht und präzisiert. Als inhaltliche Schwerpunktsetzungen wurden zum Beispiel gewählt: »Bildungsprogramme für den Elementarbereich und Rahmenlehrpläne für die Grundschulen im Vergleich«, »Bildungsprozesse von Kindern beobachten und dokumentieren – Arbeit mit Portfolios«, »Wege zum Schriftspracherwerb«, »Naturwissenschaften im Elementar- und Primarbereich«, »Projektarbeit«, »Zusammenarbeit mit Eltern«, »Schuleingangstests – Selektion oder Integration«, »Methoden der Moderation und Beratung«.

Aus solchen inhaltlichen Schwerpunkten der Treffen in der Programmgruppe entwickelten sich dann oft auch die Themen für regionale oder überregionale ponte-Workshops mit den Pädagoginnen und Pädagogen aus Kindergärten und Grundschulen. Auch die Wahl der Themen für diese Workshops entsprach dem Grundsatz, dass die Themen zwar von den Pädagoginnen und Pädagogen nach ihren Interessen gewählt werden sollten und dennoch nicht beliebig sind.

Diese Verknüpfung von vorab geklärten Zielen mit den in einem jeweiligen Entwicklungskontext stehenden Zielfindungs- und Zielklärungsprozessen kennzeichnet das hier zugrunde gelegte Verständnis von interner Evaluation. Die vorgegebenen Ziele waren Resultat eines Diskussions- und Verständigungsprozesses innerhalb des Programmentwicklungsteams in der INA auf der Grundlage der aktuellen Ergebnisse und Befunde der Bildungsforschung im Elementar- und Primarbereich.[2] Die im Projekt tätigen Moderatorinnen und Moderatoren, die in ponte aktiven Kindergärten und Grundschulen und ihre Träger, die unterstützenden Partner – vor allem die DKJS und die Ministerien der beteiligten Bundesländer – alle Programmpartner haben sich in Kenntnis und in Zustimmung zu diesen vorab definierten Zielen in diesen Kooperationsprozess begeben. Wie der Beitrag von Andrea Friedrich und Jörg Nicht exemplarisch zeigt, muss eine solche erste Zustimmung nicht unbedingt heißen, dass die vorab definierten Ziele von allen Beteiligten auch gleich verstanden werden.[3] Zielvereinbarungen können sich deshalb über einen langen Zeitraum hinziehen, weil sie komplexe Verständigungsprozesse voraussetzen.

Und das genau ist in unserem Verständnis Ziel von interner Evaluation: Es geht um die Vergewisserung über die Ziele, das Erkennen und Verstehen von qualitätsfördernden Entwicklungsprozessen und damit um das Identifizieren von erreichter Qualität, um die präzise Formulierung von Entwicklungsnotwendigkeiten mit Bezug zu den Zielen und um die Initiierung und Planung von realistischen Entwicklungsschritten im je gegebenen konkreten Kontext der Tandemarbeit. Dies setzt eine ganze Reihe von Verständigungsprozessen mit unterschiedlichen Partnern voraus.[4]

Bei Bedarf wurden bei diesen monatlichen Treffen Fallbesprechungen mit der Methode der »kollegialen Fallberatung« durchgeführt: Ziel dieser kollegialen Bera-

2 Vgl. Dreier, Annette; Preissing, Christa; Ramseger, Jörg; Zimmer, Jürgen (2004): ponte – Kindergärten und Grundschulen auf neuen Wegen. Teil I: Konzeption für ein Forschungs- und Entwicklungsprojekt. Berlin: Internationale Akademie für innovative Pädagogik, Psychologie und Ökonomie an der Freien Universität Berlin – INA gGmbH.

3 Der Begriff »gleich« kann hier sowohl in seiner zeitlichen Bedeutung als »sofort« bzw. »bald« wie auch in seiner inhaltlichen Bedeutung als »identisch« oder »vergleichbar« interpretiert werden.

4 Vgl. Becker, Gerold; Ilsemann, Cornelia von; Schratz, Michael (2001): Evaluation. Erwartungen – Erfahrungen – Herausforderungen. In: Qualität entwickeln: evaluieren. Friedrich Jahreshefte, H. 19, S. 4-7.

Fallberatung« durchgeführt: Ziel dieser kollegialen Beratungen war es, für den konkreten Beratungsbedarf einer Moderatorin oder eines Moderators die Ressourcen des gesamten ponte-Teams zu aktivieren und die Ergebnisse der gemeinsamen Beratung für alle nutzbar zu machen.

Die Arbeit in den Tandems

Auch die Tandem-Arbeit in ponte war ein kontinuierlicher Prozess der »internen Evaluation« der Arbeit der Kindergärten und Grundschulen. Mit der Besonderheit und der besonderen Brisanz eines wechselseitigen Prozesses: Erzieherinnen haben hier ihre Perspektive auf die Arbeit der Grundschulpädagoginnen geäußert und umgekehrt haben Grundschulpädagoginnen ihre Einschätzungen zur Arbeit in den Kindergärten abgegeben. Ein eigentlich selbstverständliches Vorgehen: Tagtäglich schätzen Erzieherinnen die Arbeit ihrer Kolleginnen aus der Grundschule nebenan ein, wenn sie z.B. Eltern Hinweise geben, welche Grundschule, falls es eine Wahl gibt, sie lieber oder besser nicht wählen sollten. Und tagtäglich verständigen sich Grundschullehrerinnen über die mehr oder weniger gut geratenen Kinder aus diesem oder jenem Kindergarten, aus dem die Kinder zu ihnen kommen.

Dieses schnelle Urteilen auf der Basis subjektiver Einschätzungen bei geringem Wissen kann schnell zu einer explosiven Situation führen, wenn diese subjektiven Einschätzungen dem Gegenüber bekannt gemacht werden. Denn dann wird es notwendig, die eigenen subjektiven Einschätzungen entlang fachlich fundierter Kriterien zu begründen und mit Beobachtungen zu belegen. »Vom lieb gewordenen Vorurteil zum auf Wissen, Erfahrung und begründeter Einschätzung basierenden Urteil«

– so könnte der Prozess der Tandemarbeit in ponte auch beschrieben werden. Dabei klingt »Urteil« in der deutschen Sprache immer leicht nach Verurteilung und ist negativ belegt. Genau das ist hier aber nicht gemeint. Es geht um Erkennen und Verstehen der je anderen Perspektive.

Zum Erkennen gehört die Verabschiedung von Klischees, die auf unreflektierten, überalterten oder nur überlieferten Erfahrungen anderer basieren. Erkennen ist hier gemeint als Erkennen der eigenen Begrenztheit. Dabei handelt es sich um einen Prozess des Verlernens und der dazu erforderlichen Bereitschaft und Kompetenz. Zum Verstehen gehört die Kenntnis der Strukturen und Arbeitsbedingungen des je anderen Systems und ginnen und Pädagogen der anderen Seite das ihnen Mögliche tun wollen, damit jedes Kind seine Bildungspotentiale optimal entwickeln kann. Hierfür sind Empathie und die prinzipielle Bereitschaft zur wechselseitigen Anerkennung der Anstrengungen der je anderen Berufsgruppen erforderlich. Die gegenseitigen Hospitationen und ihre Auswertung in den von den Moderatorinnen begleiteten Tandemsitzungen waren hier ein zentrales Erkenntnis- und Verstehensinstrument. Und dennoch bleibt die Herausforderung, dabei über verschiedene Sichtweisen und auch über verschiedene Theorien zu streiten, welche Pädagogik für welches Kind die »richtige« ist. Das waren wesentliche Themen in den Tandemsitzungen.

Die Moderatoren und Moderatorinnen von ponte waren Begleiterinnen, quasi Hebammen, für diese wechselseitigen internen Evaluationsprozesse. Als Wegbereiterinnen waren die Moderatorinnen offensichtlich unerlässlich. Mit zunehmender Erfahrung und Sicherheit in den Kooperationsbeziehungen werden sie verzichtbar. Den Dienst der Moderatorinnen und Moderatoren in Anspruch zu nehmen: Das war nicht Zeichen eines Defizits, sondern die eigentlich selbstverständliche Begleitung in eine neue Arbeitsphase. Die aus dieser Begleitung resultierenden Erfahrungen und Erkenntnisse in die je eigene Arbeitssituation zu übertragen, bleibt Aufgabe und Verantwortung der Akteure im jeweiligen Kindergarten und der jeweiligen Grundschule.

Was die Moderatorinnen und Moderatoren in ponte geleistet haben, war auch eine Einführung in Ziele und Methoden der internen Evaluation für die Pädagoginnen und Pädagogen in Kindergärten und Grundschulen. Die von Andrea Friedrich und Jörg Nicht vorgelegte Analyse von Protokollen aus Tandemsitzungen macht deutlich, wie verschieden die Tandems die damit verbundenen Herausforderungen auf- und angenommen haben.

Bilanz-Workshops

In jährlichen Bilanzworkshops haben alle an ponte beteiligten Pädagoginnen und Pädagogen ihre internen Evaluationsergebnisse erarbeitet, miteinander diskutiert und auf dieser Grundlage formuliert, welchen Unterstützungsbedarf sie für die nächste Entwicklungsphase sehen. Jede dieser jährlichen Bilanztagungen fand große Resonanz – meist waren alle Tandems repräsentiert. Die Evaluationsfragen für diese Bilanztagungen waren von der Programmleitung und der wissenschaftlichen Leitung bewusst offen gehalten und sprachen unterschiedliche Aspekte der Kooperation und Kommunikation und der Beteiligung in ponte an, z.B. »Neue Erkenntnisse«; »Neue Fragen«, »Schwarze Löcher«, »Hoffnungen«, »Gefühle«.

Viele Tandems haben ihre Arbeit bei diesen Workshops ausführlich und aufwändig präsentiert und ihre Arbeit öffentlich zur Diskussion gestellt. Sie haben damit einen sehr wertvollen Beitrag für die interne Evaluation geliefert.

Es soll nicht verschwiegen werden, dass es im Rahmen programminterner Evaluationen immer schwierig bleibt, ein ausgewogenes Verhältnis zwischen anerkennender Würdigung und – aus Sicht der wissenschaftlichen Begleitung, der Moderatorinnen oder der Programmleitung – notwendiger Kritik zu finden. Die Auswertung der Bilanzworkshops gab den ponte-Verantwortlichen in der wissenschaftlichen Leitung und in der Programmleitung durch die Diskussion dieses Spannungsverhältnisses immer wertvolle Hinweise für die Weiterentwicklung des Programms. Kritik, wenn sie nicht verstanden werden kann, sondern nur als Abwertung der eigenen Bemühungen empfunden wird, wird Abwehr hervorrufen.

Systematische Befragung der Pädagoginnen und Pädagogen

Während der Phase der Programmumsetzung hat Andrea Friedrich im Rahmen ihrer Magisterarbeit eine Studie zur internen Evaluation von ponte im Land Brandenburg erarbeitet, die sich zum Ziel gesetzt hatte, die Programmausführung und die Reichweite des Programms zu prüfen. Die Prüfung der Programmausführung sollte Aussagen erzeugen, ob die einzelnen Maßnahmen in Übereinstimmung mit Konzeption und Zielen des Programms standen; mit der Prüfung der Programmreichweite sollten Informationen darüber gewonnenen werden, in welchem Umfang durch diese Maßnahmen die intendierten Zielgruppen erreicht wurden.[5] Bezüglich der Übereinstimmung von Konzeption und Zielsetzungen mit den Maßnahmen berichtet Friedrich, dass 2/3 und mehr der ca. 50 befragten an ponte direkt beteiligten Pädagoginnen und Pädagogen einen deutlichen Effekt von ponte auf die Reflexion des Bildungsverständnisses, auf die unmittelbare pädagogische Arbeit und auf die Zusammenarbeit im Team feststellten:

»Die Arbeit mit ponte erweiterte aus Sicht der Befragten den Blick für:
- die Beachtung der Selbstbildungsprozesse des Kindes,
- die Bedeutung der Beobachtung für die Förderung des Kindes,
- den Vorteil von heterogenen (altersgem.) Lerngruppen,
- eine kompetenzorientierte Sicht auf das Kind,
- die Gestaltung der Lernaktivitäten anhand von Schlüsselsituationen,
- die Rechte des Kindes,
- die Beachtung individueller Lernzugänge.«[6]

In ihrer pädagogischen Arbeit hätten die Pädagoginnen und Pädagogen vor allem profitiert hinsichtlich ihres »eigenen pädagogischen Handeln, (der) Auseinandersetzung mit der Übergangsproblematik (und der) Zusammenarbeit von Kindergarten und Grundschule.«[7]

Schwierigkeiten wurden vor allem gesehen in den mangelnden Möglichkeiten, die Erfahrungen aus der Tandemarbeit an die nicht unmittelbar beteiligten Kolleginnen in den Kindergärten und Grundschulen weiterzugeben und zu einer Konsolidierung gewonnener Ergebnisse für die gesamten Kollegien zu gelangen. Aber auch Schwierigkeiten in der Kooperation mit dem Tandempartner wurden in gleicher Häufigkeit benannt.[8]

Solche Ergebnisse wurden genutzt, um für die verbleibende Programmlaufzeit die Maßnahmen anzupassen und Erwartungen und Wünsche der ponte-Protagonistinnen soweit wie möglich in die weitere Programmplanung aufzunehmen.

Die interne Evaluation in ponte war insgesamt darauf angelegt:
- sich der eigenen Ziele entlang fachlicher Kriterien zu vergewissern,

---

5 Vgl. Friedrich, Andrea (2007): ponte – Kindergärten und Grundschulen auf neuen Wegen. Zwischenevaluation des Forschungsprojektes. Berlin: Internationale Akademie für innovative Pädagogik, Psychologie und Ökonomie an der Freien Universität Berlin – INA gGmbH. (Unveröff. Magisterarbeit an der Freien Universität Berlin), S. 20.

6 a.a.O., S. 45.

7 a.a.O., S. 45.

8 a.a.O., S. 53.

- die eigenen Ziele für sich und andere klar und verständlich darzustellen,
- die eigenen Ziele entlang der fachlichen Kriterien mit den Kooperationspartnern zu kommunizieren,
- sich mit Kooperationspartnern über gemeinsame Ziele zu verständigen,
- über unterschiedliche Ziele konstruktiv zu streiten,
- Erfolge in der eigenen Arbeit mit Bezug auf diese Ziele und Erfolgsursachen zu erkennen,
- Notwendigkeiten der Weiterentwicklung mit Blick auf die Ziele zu identifizieren und
- eigenen Ressourcen für die Bearbeitung neuer Herausforderungen zu erkennen und auf die eigenen Kräfte zu vertrauen.

Interne Evaluation ist so für die Weiterentwicklung der eigenen Arbeit unerlässlich. Das gilt für alle Beteiligten: für die ponte-Mitarbeiterinnen und Mitarbeiter ebenso wie für die Pädagoginnen und Pädagogen in der Praxis der Kindergärten und Schulen und im Verlauf der Bildungsprozesse auch für die Mädchen und Jungen und für ihre Eltern.

Externe Evaluation

Externe Evaluation, hier repräsentiert durch den Beitrag von Iris Nentwig-Gesemann und Gerald Blaschke, hat andere Möglichkeiten und erweitert die durch interne Evaluation gewonnenen Einsichten. Auch die externe Evaluation, so wie sie hier konzipiert war, bezieht sich zu einem Teil auf Selbstaussagen der Erzieherinnen und Lehrerinnen. Die Gruppendiskussionen, in denen diese Aussagen erhoben wurden, wurden dieses Mal jedoch von neutralen Personen geführt, die selbst keinen Einfluss auf und keine Verantwortung für das Programm

hatten. Das eröffnete den am Gespräch Beteiligten die Möglichkeit zu unbefangenen Aussagen, die sich weniger an sozial erwünschten Erwartungen orientieren, als dies häufig der Fall ist, wenn Programmverantwortliche selbst solche Diskussionen leiten.

Basisfolie für die externe Evaluation waren aktuelle Ergebnisse der Transitionsforschung mit Fokus auf den Übergang vom Kindergarten in die Grundschule. Der besondere Reiz der Studie lag darin, diese Ergebnisse auch zu nutzen, um zu analysieren, wie die Pädagoginnen und Pädagogen in ponte diesen Transitionsprozess für sich selbst angenommen und wahrgenommen haben.

Wie unterschiedlich dies auch nach drei Jahren in ponte noch sein kann, verdeutlichen die beiden kontrastierenden Mikroanalysen der Videoaufnahmen von Besuchen von Kindergartenkindern in der Grundschule. Hier wird besonders deutlich, wie wichtig das professionelle Selbstverständnis der Pädagoginnen für gelingende Transitionsprozesse der Kinder ist.

Die wechselseitige Anerkennung der je unterschiedlichen pädagogischen Arbeit in Kindergarten und Schule durch reflexive und diskursive gemeinsame Praxis, so das Fazit der Autoren, ermöglicht, dass auch die Kinder mit ihren Erfahrungen und Kompetenzen ihre Übergänge konstruktiv bewältigen können.

Widerstände überwinden

Einleitung

Christa Preissing

ponte hat Kooperationsprozesse zwischen Kindergärten und Schulen angeschoben und hierbei die Verständigung über gelingende Bildungsprozesse der Kinder in den Mittelpunkt gestellt. Die vorangegangenen Kapitel berichteten ausführlich über die entstandenen Entwicklungsprozesse – über Erfolge, Schwierigkeiten und Herausforderungen in der Zusammenarbeit der beteiligten Pädagoginnen und Pädagogen und über die Arbeitsweisen der Moderatorinnen und Moderatoren in ponte. In diesem Kapitel wird der aktuelle bildungspolitische Kontext betrachtet, in dem das Programm stand.

Der Reformdruck nach PISA ist spürbar, in Grundschulen und Kindergärten wie in allen anderen Bildungseinrichtungen. Lehrerinnen und Lehrer in Grundschulen, Erzieherinnen und Erzieher in den Kindergärten haben diesen Reformdruck auch angenommen und viele von ihnen haben diesen Druck sogar als Rückenwind für die eigenen Ansprüche gewertet: Endlich einmal wird auf ihre Arbeit geschaut und ihre Anstrengungen erfahren Unterstützung durch Fort- und Weiterbildungen, durch Empfehlungen und neue Bildungs- bzw. Lehrpläne, durch Rahmenkonzeptionen für Schulentwicklung und Qualitätsentwicklung in den Kindertagesstätten. Auch in ponte konnten wir feststellen: Über die Richtungsziele der Reformen besteht weitgehend Konsens. Es geht darum, die Bildungspotentiale aller Kinder in Anerkennung ihrer verschiedenen sozialen, kulturellen und ökonomischen Voraussetzungen zu erkennen und möglichst wirksam zu fördern und alle Kinder von Anfang an im Erwerb der für ihren Bildungsweg erforderlichen Kompetenzen gezielt zu unterstützen. Die Verständigung darüber, wie das gelingen kann, ist in vollem Gange.

Dieser erfreuliche Prozess wird jedoch durch widersprüchliche Begleiterscheinungen gefährdet. Die Ansprüche an die Arbeit der Pädagoginnen und Pädagogen in Kindergärten und Grundschulen steigen von Jahr zu Jahr. Die Rahmenbedingungen für ihre Arbeit werden jedoch nicht besser – im Gegenteil. Betrachten wir die länderspezifischen Regelungen für die Personalausstattung in Kindertagesstätten und Grundschulen, dann hat es überall in den vergangenen Jahren unter dem Druck knapper Haushalte in den Bildungsressorts – relativ gesehen zu den gestiegenen Anforderungen – Verschlechterungen gegeben. Das erzeugt Widerstand und begreifbaren Unmut.

Und auch bürokratische Regelungen wie die Festsetzung von Schuleinzugsbereichen, die sich um bestehende Kooperationsbeziehungen zwischen Kindertagesstätten und Grundschulen nicht scheren, erzeugen Widerstände. Wenn Kinder einen Kindergarten besuchen, der mit einer benachbarten Grundschule gut kooperiert, ihre Eltern aber nicht im verwaltungsmäßig definierten Einzugsbereich dieser Grundschule wohnen, dann können diese Kinder diese Grundschule eventuell nicht besuchen. Hier sind die Verwaltungen gefragt, sich stärker als bisher mit den Regelungen zu befassen, die kontinuierliche Bildungsprozesse von Kindern unterstützen oder eben auch behindern können.

An diesem konkreten Beispiel wird deutlich, wie verschieden die Strukturen der beiden Systeme Kindergarten und Grundschule sind: Elternwahlrecht bei der einen Institution, staatlich verbindliche Vorgaben bei der anderen.

Der Beitrag »Sanfter Übergang unter hohem Druck«, Ergebnis eines Gesprächs von Jörg Ramseger mit den Pädagoginnen eines Berliner Tandems und ihrer Moderatorin, beleuchtet diese Zusammenhänge im Kontext konkreter Kooperationsbeziehungen zwischen einer Grundschule und mehreren Kindertagesstätten im Einzugsbereich dieser Schule. Besonders deutlich wird in diesem Gespräch, welch wichtige Rolle die Eltern bei den Fragen der Kooperation zwischen Kindergarten und Grundschule haben und wie wichtig es für die Pädagoginnen und Pädagogen ist, sich zu vergegenwärtigen, mit welchen Erwartungen welcher Eltern sie es zu tun haben.

Der Beitrag von Michael-Sebastian Honig und Bianca Kreid analysiert grundsätzliche Paradoxien, die aus der historisch gewachsenen unterschiedlichen Verortung von Kindergarten bzw. Grundschule im deutschen Bildungssystem erwachsen. Können individuelle Anstrengungen engagierter Pädagoginnen und Pädagogen Systeme verändern? Welche Unterstützung brauchen sie dazu? ponte hat hier Unterstützung durch das Moderationssystem geboten.

Die Prinzipien der lokalen Orientierung im konkreten Kontext, der Arbeit in kleinen Tandems aus Kindertagesstätten und Grundschulen, die mit denselben Kindern und Eltern arbeiten, und die Methode der moderierten Kooperation geben Beispiele dafür, wie Unmögliches möglich werden kann – und wie gefährdet solche Möglichkeiten systembedingt auch immer wieder sind.

»Sanfte Übergänge« unter hohem Druck

Wie sich Kindertagesstätten und Grundschule auf die »neuen Eltern« vorbereiten

Jörg Ramseger

In Berlin-Schöneberg arbeiten seit zwei Jahren vier Kindergärten und die Grundschule am Barbarossaplatz in einem »Lern-Quintett« zusammen.

Der folgende Beitrag dokumentiert ein Gespräch zwischen Susanne Gebert, Leiterin der Kindertagesstätte an der Barbarossastraße und zugleich Leiterin des Ganztagsbereichs an der offenen Ganztagsgrundschule am Barbarossaplatz, und Sabine Kaiser, Leiterin des INA-Kindergarten Frankenstraße, sowie Lydia Sebold, Leiterin der Grundschule am Barbarossaplatz. Am Gespräch teilgenommen hat auch die ponte-Moderatorin für Berlin, Andrea Klatt. Die Gesprächsführung lag bei Prof. Dr. Jörg Ramseger, wissenschaftlicher Leiter von ponte.

Die Gegend um den Barbarossaplatz zeichnet sich durch eine Mischung unterschiedlichster sozialer und ethnischer Gruppen aus. Hier gibt es einen erheblichen Anteil von Kindern mit Migrationshintergrund, die aber keineswegs alle zugleich sozial benachteiligt, sondern teilweise sehr gut in die Gesellschaft integriert sind. Daneben wohnen hier viele arme Kinder, aber auch eine akademisch gebildete, wortgewandte und an der Bildung ihrer eigenen Kinder höchst interessierte Gruppe »neuer Eltern«, die das urbane Leben schätzen und an den besonderen Entwicklungschancen dieser Stadt aktiv teilhaben. Unter dem Eindruck der wachsenden Unsicherheiten unseres Wirtschaftssystems, das auch den gebildeten Mittelschichten keinerlei Wohlstandsgarantien auf Dauer mehr bietet, sorgen sie sich sehr um ihre Kinder, für deren Bildung kein Angebot gut genug sein kann.

Vor diesem Hintergrund hat sich das ponte-Quintett am Barbarossaplatz frühzeitig darauf verständigt, die Zusammenarbeit zwischen den Institutionen für die Entwicklung eines Elterninformationsprojektes zu nutzen, das den Übergang vom Kindergarten zur Grundschule systematischer als früher organisiert. Hierzu gehören wechselseitige Informationen über die Arbeit in den jeweils anderen Einrichtungen und gemeinsam gestaltete Informationsabende für die Eltern, in denen die Pädagoginnen und Pädagogen ihre Entwicklungskooperation mit den Eltern erörtern und diesen die Sicherheit vermitteln, dass Kindertagesstätten und Grundschule den Übergang der Kinder von der einen zur anderen Institution auf hohem professionellen Niveau gemeinsam gestalten.

Ramseger: Frau Gebert, was bedeutet Ihnen ponte?

Gebert: Wir hatten die Wichtigkeit von Übergängen in der Kita-Arbeit schon lange erkannt, denn Übergänge von zu Hause in die Kita begleiten wir ja schon sehr lange und sehr intensiv, das ist bei uns ein Qualitätsstandard. So war es uns auch wichtig, systematische Übergänge in die Grundschule zu schaffen, zumal es da weniger Kontakte gab, weil die Kinder aus unserer Kita in viele verschiedene Grundschulen gehen. Man kann nicht so leicht zu vielen Schulen Kontakt halten, und so hatten wir eigentlich gar keinen Kontakt zu den Schulen.

Von daher war ponte eine gute Gelegenheit, mit der Schule ins Gespräch zu kommen. Unser Einstiegsgedanke war, vermittelt durch das Projekt ponte, zu gucken, was man als Kindergarten von der Schule lernen kann, was man gemeinsam tun kann und wie man Kindern den Übergang tatsächlich erleichtern kann. Und wir haben in den ersten Treffen sehr schnell gemerkt, dass uns beiden – Kita und Schule – die Arbeit mit den Familien besonders am Herzen lag, dass es uns also nicht primär um ein Projekt mit den Kindern ging, sondern eher um die Arbeit mit den Eltern. Wir haben gemeinsam überlegt, was man eventuell tun kann, um auch Eltern diesen Übergang leichter zu machen und ihnen die Sicherheit zu geben, dass ihre Kinder gut vorbereitet sind und in der Schule gut aufgenommen werden.

Ramseger: Wieso brauchten Sie dazu ponte? Das hätten Sie doch auch in eigener Regie realisieren können.

Gebert: Manchmal braucht es einfach einen Anstoß und eine Gelegenheit und einen Termin, damit man sich zusammensetzt. Und jemand der sagt: »Los Leute, hier ist ein Angebot. Nutzt doch die Chance!«

Wir haben am Anfang viel Zeit darauf verwendet, uns kennen zu lernen und wechselseitig zu hospitieren: Die Lehrer konnten beobachten, wie es in einer Kita läuft, und wir erlebten, wie Grundschulunterricht heute ist. Dazu haben wir früher nie die Gelegenheit gefunden. Dann haben wir uns die Entwicklungsordner und Sprach-Lern-Tagebücher der Kindergärten gemeinsam angesehen und von der Schule die ersten Ergebnisse der Berliner Lern-Ausgangslagen-Untersuchung (LauBe) bekommen. Wir haben von den Lehrerinnen, die hier in ponte mitgearbeitet haben, das Feedback bekommen, dass sie einen anderen Blick auf die Kinder gehabt hätten, als sie es jetzt z.B. haben, wenn die Eltern diese Ordner frühzeitig in die Schule einbringen würden. Das fand ich wichtig.

Kaiser: In Berlin sind ja im Zuge der großen Grundschulreform nach der Veröffentlichung der PISA-Ergebnisse die Vorschulklassen abgeschafft und das Einschulungsalter gesenkt worden, so dass jetzt schon die Fünfjährigen eingeschult werden. Die Eltern waren verunsichert und hatten große Ängste, dass ihre Kinder ohne Vorschule nicht hinreichend vorbereitet in die 1. Klasse kommen, weil sie im Kindergarten mit den Zwei-, Drei- und Vierjährigen zusammen nur spielen, aber nicht die für den Erfolg in der Schule erforderlichen Fähigkeiten oder Kompetenzen erwerben würden. Das hat die Eltern beunruhigt.

Ich habe dann von mir aus den Kontakt gesucht und gefragt, ob wir mit unserer Einrichtung bei ponte mitmachen könnten. Weil es ein Projekt ist, wo man im Austausch erfährt: Wie machen es die anderen Kitas im Umkreis? Was hat die Schule für Vorstellungen? Was wird gebraucht? Was sind auch einfach unbegründete Ängste der Eltern und wo kann man sie mit ihren Sorgen auch abholen und sagen: »Das regeln wir schon.« Es hat sich auf jeden Fall ausgezahlt, den Kontakt aufzubauen, sowohl zu den anderen Kitas als auch zur Schule. Und ich denke, der bleibt ja erhalten, auch nach ponte.

Ramseger: Ist es für die Schule nicht sehr aufwändig, mit so vielen Kindertagesstätten in einem Programm zusammenzuarbeiten?

Sebold: Es ist weniger aufwändig, als zu den einzelnen Kitas hinzugehen. Eigentlich wäre mein Ziel, vielleicht nur vier Einrichtungen zu haben und aus diesen vier Einrichtungen die Kinder zu bekommen. Das wäre wunderbar und das würde auch eine langfristige Zusammenarbeit erleichtern. Aber wir bekommen Kinder aus viel mehr Einrichtungen, weil es hier auch noch viele kleine Schülerläden in der Nachbarschaft gibt. Ich denke, Zusammenarbeit ist langfristig auch weiterhin notwendig. Für mich geht es übrigens auch um einen sanften Übergang. So wie wir unsere Kinder vorbereitet an die weiterführenden Schulen schicken, in dem wir die weiterführenden Schulen besuchen, so müssen die Kinder auch sanft aufgenommen werden – je kleiner sie sind, desto dringlicher. Ich habe ja immer schon die Eltern der neuen Schulanfänger vor Schulbeginn zu Informationsveranstaltungen eingeladen, aber nie gemeinsam mit den umliegenden Kitas. Ich denke, ponte war eine gute Gelegenheit, mit der Zusammenarbeit zu beginnen und mehr von einander zu erfahren. Wir haben viel voneinander gelernt. Über das Kennenlernen der jeweiligen Kompetenzen ist viel Respekt für die jeweils andere Profession entstanden.

Ramseger: **Haben das die Erzieherinnen auch so empfunden?**

Gebert: Es ist einfach so, dass man als Erzieherin – »nur Erzieherin!« – immer sehr viel Respekt vor den Lehrern hatte. Man erinnert sich an seine eigene Schulzeit, man erinnert sich an die Schulzeit seines Kindes, wenn man mit Lehrern zu tun hatte, das war nicht immer ein Verhältnis auf Augenhöhe. Ich finde, dieses Verhältnis hat sich durch ponte verändert. Es war faszinierend, dass wir in den Hospitationen Parallelen in der Arbeit von Kindergarten und Grundschule entdeckt ha-ben. Die Lehrerinnen haben nach den Hospitationen im Kindergarten gesagt: »So hätte ich mir das nie vorstellen können, dass das bei euch so läuft. Ich habe gedacht, das ist viel quirliger, irgendwie chaotischer, lauter, stressiger.« Und sie haben gesagt: »Unter ›offener Arbeit‹ haben wir uns immer vorgestellt ›Jeder macht was er will und die Erzieher gucken zu‹.« Sie haben erlebt, dass es im Kindergarten am Tage ganz viele Angebote gibt, wo die Erzieherinnen die Interessen der Kinder aufgreifen, wo sich Kleingruppen finden zu einem bildenden Dialog, wo nicht immer alles nur durcheinander wuselt. Dadurch ist das Erzieherbild bei den Lehrerinnen und Lehrern korrigiert worden.

Sebold: Es gibt auch gemeinsame Themen in Schule und Kita, die für beide Bereiche relativ neu sind. Das sind zum einen Portfolios, wie das Sprach-Lern-Tagebuch oder der Entwicklungsordner, zum anderen das selbständige Lernen. Auch das ist ein Thema sowohl in der Kita als auch in der Schule. Weitere inhaltliche Berührungspunkte sind: Sprache, Sprachentwicklung, Sprachförderung: Wie werden diese Lernprozesse in der Kita initiiert, wie können sie in der Schule weitergeführt werden? Für mathematische Lernprozesse im frühen Kindesalter gilt das genauso.

Ramseger: **Welche Bedeutung hatte es, dass Sie mit Frau Klatt eine eigene Moderatorin für diese gemeinsamen Lerngelegenheiten hatten?**

Kaiser: Auf jeden Fall eine motivierende! Man braucht auch einfach einen Anlass, jemanden, der es in die Hand nimmt, der die richtigen Fragen stellt und die Gespräche bündelt. Ohne Frau Klatt hätten wir das vielleicht alles etwas lockerer genommen, und es wäre womöglich nicht so strukturiert gearbeitet worden. Es ist immer gut zu wissen, dass jemand da ist, der ein bisschen außerhalb der Einrichtung steht, die Sache moderiert und übernimmt.

Ramseger: **Wäre diese Zusammenarbeit ohne die ponte-Moderatorin von allein hier nicht entstanden?**

Sebold: In dieser verbindlichen Form nicht. Es ist immer so, dass Projekte Anschubcharakter haben, damit die Verbindlichkeit entsteht. Das war auch das Motiv an ponte teilzunehmen. Wir suchten diese gewisse Verbindlichkeit. Natürlich war das Programm mit nur zwei Jahren ziemlich kurz.

Klatt: Mich würde in dem Zusammenhang noch mal interessieren, ob Sie glauben, dass diese gemeinsamen Elternabende und die gemeinsame Zusammenarbeit ein wenig dazu beigetragen haben, dass die Angst der Eltern vor Schule etwas gemindert wurde oder die Schule transparenter für die Eltern wurde.

Sebold: Die Informationsarbeit hat den Eltern vor allem viel Sorge genommen, dass ihre Kinder nicht gut auf die Schule vorbereitet seien. Es hat sehr beruhigend gewirkt.

Gebert: Bei uns ist eine sehr positive Resonanz auf diesen Elternabend gekommen, eben weil er gemeinsam von Lehrerinnen und Erzieherinnen durchgeführt wurde. Das hatte eine besondere Wertigkeit. Und ganz viele Eltern haben mich angesprochen und haben gefragt, ob denn nun ihr Kind auch garantiert in diese Schule käme, wo die Zusammenarbeit so gut läuft. Das war ihnen sehr wichtig. Leider musste ich ihnen sagen, dass das nicht in unserer Hand liegt.

Es ist uns auch sehr positiv aufgefallen, dass die Frage der inzwischen noch jüngeren »Antragskinder« auch diskutiert wurde. Nachdem die Einschulung nun in Berlin mit den Fünfeinhalbjährigen beginnt, kam bei manchen Eltern die Frage auf, ob sie denn schnell lernende Kinder eventuell noch früher einschulen sollten. Für viele sehr ehrgeizige Eltern kann ja die Schule nicht früh genug beginnen. Diese Eltern stehen unter einem unendlichen Druck. Das hat die Presse bewirkt in den Jahren nach PISA. Da war es gut, dass die Eltern von der Schulleiterin gehört haben, sie sollten ihre Kinder lieber noch ein Jahr im Kindergarten lassen, sie bräuchten sie nicht so früh in die Schule zu geben. Da haben Schule und Kindergarten mit einer Stimme gesprochen, und wir haben in diesem Jahr das erste Mal tatsächlich keine »Antragskinder« mehr gehabt. Das war ein beachtliches Ergebnis.

1 JüL = Jahrgangs-übergreifende Lerngruppen in der Grundschule.

Ramseger: Es gibt in der Frühpädagogik die Position – und das wird dem ponte-Programm auch vorgehalten –, dass wir uns viel zu viele Gedanken machen in Bezug auf den Übergang vom Kindergarten zur Grundschule. Die Kinder könnten den Übergang doch ganz gut alleine schaffen. Mehr noch: Es sei auch wichtig, früh im Leben Herausforderungen überwinden zu lernen, um in der Bewährung in solchen Schwellensituationen zu wachsen und Widerstandskraft (»Resilienz«) zu entwickeln. Machen wir uns zu viele Gedanken um den Übergang?

Gebert: Ich glaube, dass sich die Lebenssituationen der Kinder stark verändert haben. Sie müssen heute zwei große Schritte gleichzeitig bewältigen: den Schritt vom Kindergarten in die Schule und den Schritt von der Kita in die Ganztagsbetreuung. Früher konnten sie vielfach in der Kita bleiben, sind nachmittags vielleicht in den Hort übergewechselt, es waren die gleichen Räume, die gleichen Erzieherinnen, die sie schon kannten, da hat sich mit der Einschulung für die Kinder nicht so viel verändert. Jetzt ist jede Berliner Grundschule eine (offene oder gebundene) Ganztagsschule. Das heißt, die Kinder müssen sich da auf einmal völlig neu orientieren und zurecht finden. Es gab ja gerade in den letzten Jahren in der Schule wie in der Kita auch viele Veränderungen, ob das jetzt die Umstellung auf JüL[1] ist, ob das andere Räume im Ganztag sind, weil alles aus allen Nähten platzt. Also immer wieder mutet man ihnen neue Situationen, neue Erzieherinnen und so weiter zu.

Ich glaube auch, dass die Zeit, die Eltern für ihre Kinder haben, heute eingeschränkter ist als früher – nicht unbedingt qualitativ, aber einfach quantitativ eingeschränkter. Ich nehme auch wahr, dass viele Eltern in zunehmendem Maße stark verunsichert sind hinsichtlich der Erziehung ihrer Kinder. Viele Eltern sind hin und her gerissen zwischen verschiedenen Erziehungsstilen, zwischen Dutzenden von Erziehungsratgebern, die sie lesen oder im Fernsehen sehen. Und deshalb muss man jetzt einfach andere Dinge in den Vorgrund stellen und bearbeiten, als man das früher getan hat.

Sebold: Es gibt bei uns beispielsweise nur noch wenige Kinder, die ihre ganze Kindergartenzeit und ihre Grundschulzeit über beim gleichen Elternpaar, bei Mutter und Vater leben. Wir haben den Eindruck, viele Kinder, zumindest in unserem Einzugsgebiet, leben bis zum Ende der Grundschulzeit nicht mehr bloß in der ersten, sondern schon in der zweiten und manchmal auch schon in der dritten Patchwork-Familie. Diesen Kindern werden schon in frühen Jahren sehr viele Wechsel zugemutet.

Ramseger: Wie kann denn unter solchen Voraussetzungen überhaupt Kontinuität auf der Inhaltsebene gesichert werden? Alle Kindergärten betreiben z.B. jetzt seit einigen Jahren eine intensive Sprachförderung. Wie erfährt die Grundschule, was Sie im Kindergarten mit den Kindern gemacht haben und welche Erfahrungen die Kinder schon in die Schule mitbringen?

Gebert: Ein Problem ist zunächst, dass immer erst sehr spät feststeht, welche Lehrerin dann tatsächlich welche Erstklässler bekommt. Wir versuchen jetzt, über die Sprach-Lern-Tagebücher und die Entwicklungsordner Informationen mit den Kindern an die Grundschule zu übergeben. Natürlich müssen die Eltern aus Datenschutzerwägungen diese Ordner an die Schule weitergeben, sie gehören ja dem Kind.

Der Entwicklungsordner wird begonnen, wenn das Kind eineinhalb ist, und fast alle wichtigen Bildungsprozesse, die das Kind im Laufe dieser Kindergartenzeit durchlaufen hat, sind fotografisch oder mit Werken der Kinder und mit kurzen Kommentaren der Erzieherinnen festgehalten. Dazu kommen unsere Beobachtungen, die individuellen Angebote, der Lernkreis und geben Auskunft: »Wo steht das Kind, was hat es jetzt Neues gelernt, in den verschiedenen Bildungsbereichen des Berliner Bildungsprogramms?« Das sind eine Menge Informationen, die wir an die Schule weitergeben können.

Ramseger: Frau Sebold, erhalten die Schulen diese Ordner von den Eltern? Haben nicht viele Eltern Angst, dass zu private Dinge an die Schule weitergegeben werden und die Erstklasslehrerinnen ihre Kinder dann mit Voreingenommenheit in Empfang nehmen?

Sebold: Wir arbeiten daran. Wir machen jetzt noch mal einen zweiten Elterninformationsabend für die Eltern, deren Kinder im Sommer neu zu uns kommen werden. Und da wird es ein Anliegen sein, die Eltern darum zu bitten, dass die Kinder die Sprach-Lern-Tagebücher und die Entwicklungsordner aus der Kita auch in die Schule mitbringen. Ich werde den Eltern natürlich erklären, wofür das hilfreich ist. Und ich hoffe einfach, dass wir so Stück für Stück das Vertrauen der Eltern gewinnen.

Kaiser: Ich denke das Sprach-Lern-Tagebuch oder die Bildungsordner, die wir auch parallel führen, mussten erst einmal Eingang in die Arbeit der Erzieherinnen und in die Arbeit in den Gruppen finden. Und je selbstbewusster wir Erzieherinnen sagen: »Das ist ein pädagogisches Instrument, mit dem ich mich als gute Pädagogin auszeichne«, umso selbstbewusster werden wir den Eltern erklären können, dass das auch etwas ist, was sie den Lehrern mitbringen könnten. Wir erklären ihnen jetzt: »Das ist eine pädagogische Dokumentation über die fünf Jahre, die Ihr Kind hier verbracht hat. Zeigen Sie es der Lehrerin, die kann dadurch schon mal einen Einblick haben, was Ihr Kind für tolle Kompetenzen hier erworben hat und in die Grundschule mitbringt«. Die Erzieherinnen investieren viel Zeit und Kraft in diese Dokumentationen.

Natürlich sind die Dokumente auch sehr privat. Da sind ja auch Familienbilder drin, die die ganze Vielfalt heutiger Familienkonstellationen wiedergeben. Aber letztendlich müssen sich die Eltern auch bewusst machen, dass ihr Kind ohnedies mit seiner ganzen Persönlichkeit in die Schule geht. Es ist ja nicht so, dass ein Schulkind in die Schule kommt und das private Kind bleibt zu Hause.

Sebold: Die Kinder verbringen ja inzwischen oft mehr Zeit in der Ganztagsschule als sie bis zum Schlafengehen noch bei ihren Eltern sind. Sie entwickeln alle ein ganz intimes enges Verhältnis zu ihren Lehrerinnen und Erzieherinnen. Den Eltern müssen wir glaubhaft versichern, dass wir uns – mit allem Respekt vor der Privatsphäre der Familien – die Materialien mit einem professionellen Blick anschauen: Was ist von der vorschulischen Entwicklung des Kindes wichtig, wo können wir dem Kind entgegenkommen? Wo braucht es unsere Unterstützung? Nicht mehr. Aber eben auch nicht weniger.

Kaiser: Wir geben jetzt zum ersten Mal Kinder in die Schule, mit denen wir tatsächlich vom ersten Tag der Kita diesen Entwicklungsordner geführt haben. Und wo Eltern in ganz vielen Entwicklungsgesprächen über diesen Ordner und die Beobachtungen erfahren haben, wie positiv wir ihr Kind eigentlich sehen, und dass da keinerlei »intime Geheimnisse« veröffentlicht werden. Sondern dass wir immer fragen: »Was kann das Kind? Was macht es gerne? Und was hat es gelernt?« Das nachzuvollziehen, denke ich, wird auch den Eltern jetzt immer klarer und drängt sich in den Gesprächen immer mehr in den Vordergrund. So haben die Entwicklungsgespräche mit den Eltern doch eine ganz andere Tiefe bekommen.

Ramseger: Frau Klatt, wie haben Sie die ponte-Sitzungen als Moderatorin wahrgenommen? Was hat sich hier entwickelt?

Klatt: Es gab in der Zusammenarbeit der Kindergärten mit der Grundschule zwei wirklich große, entscheidende Augenblicke: Das war zunächst zu Beginn die Phase der Hospitationen, wo beiden Institutionen, also den Kindergärten und der Schule wirklich deutlich wurde, wie intensiv die Arbeit der anderen ist. Mit diesen Hospitationen ist ein Tor geöffnet worden, um sich überhaupt auf das gemeinsame Projekt »Zusammenarbeit« einzulassen. Dabei war ein ganz bedeutsamer Punkt die Wertschätzung der jeweils anderen Seite und die für beide Seiten überraschende Erfahrung, wie viele Parallelen es in der Arbeit von Kita und Grundschule gab. Das hat auch etwas damit zu tun, dass alle Kitas hier in Altersmischung arbeiten und die Schule damals schon angedacht hatte, auch jahrgangsübergreifende Lerngruppen (JüL) ins Auge zu fassen. Das gab den ersten, wirklich entscheidenden Schub für das Tandem.
Das Zweite war die Zusammenarbeit mit den Eltern. Anders als in anderen Tandems wurde hier ziemlich bald ein Schwerpunkt deutlich, möglicherweise bedingt durch das Einzugsgebiet. Dass eben Eltern sehr hohe Ansprüche an ihre Kinder stellen, sowohl in der Schule als auch in der Kita. Und dass Gespräche, die am Anfang dazu liefen, auch sehr deutlich machten, unter welchem Druck die Pädagoginnen und Pädagogen in beiden Einrichtungen standen.

Die Darstellung und das Transparentmachen der gemeinsamen Arbeit in den ponte-Sitzungen hat hier zu einer Entlastung geführt. Zu einer Entlastung der Pädagoginnen und Pädagogen und, wie die Rückmeldung der Eltern auf den gemeinsamen Elternabend ergab, auch zu einer Entlastung der Eltern. Dadurch konnten wir uns ein stückweit freier dem nächsten Thema widmen. Was sicherlich noch ein schwierigerer Weg ist als die Zusammenarbeit mit den Eltern, ist meines Erachtens die Zusammenarbeit der Schule mit den unterschiedlichen Kinderläden oder anderen Kitas hier, weil einfach Zusammenarbeit mit Eltern auch ein Thema ist, das stückweise eingeübt wird durch immer weiter wachsende Professionalität, über viele Jahre hinweg. Das Herausarbeiten dessen, was den einzelnen Einrichtungen wichtig ist und wie die Schule mit allen zugleich gut zusammenarbeiten kann, wird vermutlich noch eine geraume Zeit in Anspruch nehmen und wahrscheinlich auch viel Kraft.

Ramseger: Was würden Sie sich dazu wünschen? Zum Beispiel von Seiten der Bildungsverwaltung oder von Seiten des Bezirkes oder von Seiten der Wissenschaft?

Sebold: Vor allem mehr Zeit! Die Lehrerarbeitszeit wurde in den letzten Jahren mit sehr vielen neuen, zusätzlichen Aufgaben aufgefüllt. Da muss dringend etwas passieren! Das Unterrichtsdeputat muss reduziert werden, es muss mehr Zeit für Begegnungen, für Austausch mit vorhergehenden und nachfolgenden Bildungsinstitutionen, für professionelle Zusammenarbeit geben. Ich würde mir wünschen, dass es zukünftig wenigstens zweimal im Jahr feste Begegnungen gibt zwischen Erzie-

herinnen und Lehrerinnen, aber es ist schwierig, das Personal hierfür freizustellen.

Kaiser: Das Gleiche gilt auch für die Erzieherinnen, die keine einzige Stunde Vor- und Nachbereitungszeit angerechnet bekommen. Der Personalschlüssel ist derartig runtergefahren worden, dass man wirklich nur noch den Stundenalltag in der Betreuung der Kinder schafft. Wir haben im Laufe der letzten Jahre permanent Personalanteile verloren durch Einsparmaßnahmen des Senats. Und das macht sich ganz eklatant in den Dienstplänen und im pädagogischen Alltag bemerkbar. Wir haben viel weniger Personal bei ständig wachsenden Aufgaben. Wenn wir dann die Dokumentationen anlegen, Teamsitzungen und Entwicklungsgespräche mit Eltern in den Nachmittagsstunden führen, dann geht das gar nicht mehr in der Kernarbeitszeit. Es entstehen wahnsinnig schnell Überstunden für all diese wichtigen Dinge. Wenn ich dann mit einer Kollegin auch noch zu den ponte-Sitzungen gegangen bin, haben die übrigen Kolleginnen neidvoll geguckt.

Sebold: In der Schule ist es genauso. Wenn wir nur zurückdenken an die Situation vor zehn Jahren: Da hat niemand evaluiert, da gab es keine verbindlichen Teamsitzungstage, da wurde kein schuleigenes Curriculum und kein Schulprogramm entwickelt, da gab es keine Ganztagsschule, keine Schulanfangsphase, kein jahrgangsübergreifendes Lernen. Inzwischen sind außer gravierenden Neuerungen in der Unterrichtsarbeit viele Dinge zur Lehrertätigkeit hinzu gekommen. Dazu kommt, dass es zunehmend schwerer ist, Prioritäten zu setzen, sich auf Weniges zu beschränken und das sehr gut zu machen, weil in dem Moment, wo man sich beschränkt, sofort neue Anforderungen von anderen Stellen kommen, die nicht immer abzuwehren sind.

Ramseger: War es ein Fehler, die Schulanfangsphase in der Folge der PISA-Krise neu zu gestalten?

Sebold: Das wissen wir noch nicht. Manchmal braucht es ja so eine Riesenanstrengung, damit wirklich etwas in Bewegung kommt. Ich kann nur sagen, wir gestalten gerade sehr viele Prozesse neu mit einer zunehmend älter werdenden Lehrerschaft, die, obgleich sie hoch engagiert ist, an die Grenzen ihrer Kräfte kommt. Im kommenden Schuljahr führen wir JüL ein und verlieren gleichzeitig 46 Personalstunden, weil die Stunden für Kinder nichtdeutscher Herkunftssprache nach einem anderen Schlüssel berechnet und zugewiesen werden. Wieder eine Schulreform, die mit einer Verschlechterung der Arbeitsbedingungen gekoppelt wird. Ich bin wirklich sehr für Reformen, und ich denke auch: »Das hat was!«, wenn man viel auf einen Schlag macht. Aber dann müssen diese Reformen auch mit hinreichenden Mitteln unterstützt werden. Wenn der Senat das nicht gewähren kann, dann muss man sagen: »Gut, wir führen keine Reformen durch, weil wir keine Ressourcen haben.« Dann entsteht eine politische Situation, in der die Eltern aktiv werden müssen.

Kooperation als Unvereinbarkeitsmanagement

Wie ponte Unmögliches möglich zu machen versuchte

Michael-Sebastian Honig, Bianka Kreid

Der Übergang vom Elementar- zum Primarbereich ist eine Problemzone des Bildungswesens. Schon vom »Übergang« zu reden, ist ein Euphemismus. Der Kindergarten hat traditionell ein anderes Bildungsverständnis als die Schule. Nicht nur das: Die Dienstleistungsfunktion des Kindergartens kann mit dessen Bildungsauftrag konträr laufen, ebenso kann die relativ stärkere Kindzentrierung der Grundschule in Konflikt mit dem Auftrag der Wissensvermittlung geraten. Dies sind nur erste Hinweise auf die komplexen Ursachen der Kluft zwischen Kindergarten und Grundschule. Schorch weist auf ihre historische Dimension hin:

»Dass der Schuleintritt in der Realität eine charakteristische Problemzone darstellt, ist vor allem schulgeschichtlich bedingt. Im Kernansatz ist das Übergangsproblem ein Folgeproblem der Entstehung der deutschen Grundschule als einheitliche und gemeinsame Schule für alle. Bei ihrer Gründung blieb der Vorschulbereich außer Acht, sodass sich Kindergarten und Volksschule als weitgehend voneinander isolierte Bildungskulturen entwickelten und bis heute eine Abstimmung von Vorschulerziehung und Anfangsunterricht allenfalls durch amtliche Verordnungen ›erzwungen‹ wird.«[1]

Die Forderung nach Kooperation von Kindergärten und Grundschulen kehrt historisch in regelmäßigen Intervallen wieder.[2] Reyer benennt »fünf Verdichtungszonen«[3] der Diskussionen um die Gestaltung des Verhältnisses von Kindergärten und Grundschulen in Deutschland, wobei er die erste um das Jahr 1850 datiert. Alle diese Bemühungen sind gescheitert. Gegenwärtig sieht uns Reyer in einer sechsten Verdichtungszone, deren Beginn er im Jahr 2000 datiert und deren Ende noch nicht abzusehen ist.

Im Kontext der neueren Debatten über Reformen des deutschen Bildungswesens hat der Übergang der Schülerinnen und Schüler vom vorschulischen zum schulischen Sektor des Bildungswesens eine hohe Priorität. Erneut wird die Erwartung geäußert, dass Kindertageseinrichtungen und Grundschulen miteinander kooperieren sollen; das Kooperationsgebot ist sogar als Kooperationspflicht kodifiziert. Bundesgesetzgeber und diverse Landesgesetzgeber – beispielhaft soll hier von Rheinland-Pfalz die Rede sein – haben in den Änderungen des Kinder- und Jugendhilfegesetzes (KJHG), des Kindertagesstättengesetzes (KitaG RLP) und des Schulgeset-

1 Schorch, Günther (2006): Die Grundschule als Bildungsinstitution. Leitlinien einer systematischen Grundschulpädagogik. Bad Heilbrunn: Klinkhardt, S. 77.

2 Vgl. Reyer, Jürgen (2006): Einführung in die Geschichte des Kindergartens und der Grundschule. Bad Heilbrunn: Klinkhardt, S. 212ff.

3 Ebd.

zes eine enge Kooperation zwischen Kindertagesstätten und Schulen festgeschrieben.[4]

In diesem bildungspolitischen und bildungshistorischen Kontext ist das ponte-Programm angesiedelt. Was spricht dafür, dass es mit seinen Bemühungen um eine bessere Abstimmung von Elementar- und Primarbereich erfolgreicher ist?

Der Ansatz von ponte Trier

Die Projektgruppe in Trier ist an das Programm mit der Überzeugung herangegangen, dass ponte Unmögliches möglich machen will. Das Programm will erreichen, dass Individuen etwas ändern, was sie tagtäglich reproduzieren, obwohl es ihren Absichten und Neigungen widerspricht. Es fordert Kindergärten und Grundschulen zu einer Organisationsentwicklung auf, die durch eine Kooperation der Mitarbeiter gelingen soll. Dies ist eine paradoxe Aufgabe; kann sie überhaupt gelöst werden?

Der Kindergarten ist Teil der Kinder- und Jugendhilfe, die Grundschule Teil des Bildungssystems. Dies sind strukturelle Gegebenheiten, die von den konkreten Individuen zunächst einmal nicht verändert werden können. Kennzeichnend für Organisationen – auch für pädagogische Organisationen wie Kindertageseinrichtungen und Grundschulen – ist die Trennung des Individuums von seiner Position in der Organisation. Es wird zum »Mitarbeiter« (bzw. zur »Mitarbeiterin«), das heißt: zu einer sozial adressierbaren Person, an die bestimmte Erwartungen gestellt werden können. Diese Erwartungen lassen sich z.B. an Stellenbeschreibungen ablesen. Die Trennung von Individuum und Mitarbeiter hat einen Sinn, der sich organisationstheoretisch formulieren lässt:

- Zum einen nämlich erlaubt die soziale Adressierung legitimer Erwartungen Organisationen, überhaupt zu funktionieren, und Individuen, ihr Handeln als Mitarbeiter von Organisationen zu orientieren.[5] Dies ist der gleichsam strukturkonservative Aspekt des Verhältnisses von Organisation und Person.
- Zum anderen aber wird über die Trennung von Individuum und Mitarbeiter der Raum des Möglichen gesteigert, wenn statt der Seite des Mitarbeiters die Seite des Individuums betont wird. Die Organisation ist auf die physische und psychische Festigkeit, die Motivation, Wahrnehmung und Emotion, also die Qualitäten ihrer Mitglieder als Individuen angewiesen,[6] um die organisatorische Bindung von Kommunikation zu bewahren. Diese Qualitäten sind aber nicht kontrollierbar und auch nicht kohärent: Darin steckt ein Risiko für Organisationen, aber auch eine Chance, mehr noch: eine Quelle von Ressourcen, die für die Organisation »wertvoll«, »nützlich« und »zukunftsweisend« sein kann. Dieser Aspekt des Verhältnisses von Organisation und Person betont das Potential von Wandel und Innovation.

Ein organisationstheoretischer Zugang eröffnet mithin eine Möglichkeit, an die paradoxe Aufgabenstellung des Programms ponte mit der Aussicht auf Erfolg heranzugehen. Dieser Zugang betrachtet Individuen nicht lediglich als potentielle Störfaktoren, die möglichst auf ihre Mitarbeiterfunktion reduziert werden müssen, sondern

4 Vgl. § 22a Abs. 2. KJHG; § 2a KitaG Rheinland-Pfalz; § 19 und § 64a Schulgesetz Rheinland-Pfalz.

5 Vgl. Luhmann, Niklas (1999): Funktion und Folgen formaler Organisation. Berlin: Duncker & Humblot, S. 144ff.

6 Vgl. ebd., S. 151; ferner Baecker, Dirk (2005): Form und Formen der Kommunikation. Frankfurt/M.: Suhrkamp, S. 250ff.

sie können eine primäre Ressource für die Organisationsentwicklung sein. Das Ziel von ponte besteht entsprechend darin, diese Ressource zur Geltung zu bringen.

Elemente der Kooperation in ponte: Lokalität, Tandem, Moderation

Das Programm ponte beinhaltet u.a. drei strategische Elemente, um dieses Ziel zu erreichen: (a) ponte setzt auf der lokalen Ebene an, (b) ponte gibt der Kooperation mit dem Tandem eine spezifische Form und (c) ponte operiert mit der Methode der Moderation.

Lokalität

Das Programm ponte setzt in seiner Konzeption auf die Orientierung an den lokalen Gegebenheiten, Problemen und Ansätzen. Dies ist eine Tendenz, die derzeit häufig in der Fachwelt zu beobachten ist. Sowohl in der Fachliteratur[7] als auch in Programmen und Projekten größerer Stiftungen und Institute wird die Orientierung von Kooperationen an der lokalen Ebene und an den jeweiligen Gegebenheiten unter der Thematik »lokale Bildungslandschaften« als »neue Idee«, »Lösungsansatz« etc. betont.[8]

ponte setzt an zwei Institutionsformen an und fragt nach deren Kooperationsambitionen und -praktiken sowie nach den Möglichkeiten der Verbesserung der jeweils vorhandenen Formen. Wichtig an dem Prinzip der lokalen Orientierung ist, dass die Themen und Inhalte, die Probleme und Pläne von den Akteuren selbst gewählt und diskutiert werden. ponte ist kein thematisches Korsett, das den lokalen Gegebenheiten übergestülpt wird, sondern bildet einen flexiblen Rahmen, innerhalb dessen eine große Vielfalt der Ausgestaltung besteht. Die Tandems konstituieren eigene Maßstäbe, statt generalisierte Standards umzusetzen und tragen damit dem Prinzip der Lokalität von Lernen Rechnung.

Tandem

Im Programm ponte wird die Kooperation in moderierten Tandems von Kindergärten und Grundschulen organisiert.

Kooperation wird in Anlehnung an Minderop und Solzbacher als allgemeiner Begriff für die Zusammenarbeit von mindestens zwei Partnern verstanden.[9] Die Tandems des Programms ponte sind »Kooperationsver-

---

7 Vgl. Zymek, Bernd u.a. (2006): Die Transformation regionaler Bildungslandschaften. In: Bos, Wilfried u.a. (Hrsg.): Jahrbuch der Schulentwicklung. Weinheim und München, Juventa, S. 195-219. Minderop, Dorothea; Solzbacher, Claudia (2007): Ansätze und Dimensionen – eine Einführung. In: Dies. (Hrsg.): Bildungsnetzwerke und Regionale Bildungslandschaften. Ziele und Konzepte, Aufgaben und Prozesse. München: Luchterhand, S. 3-13. Deutscher Verein für öffentliche und private Fürsorge e.V. (2007): Diskussionspapier des Deutschen Vereins zum Aufbau Kommunaler Bildungslandschaften. Berlin. Halfpap, K. (2004): Regionale Bildungslandschaften in der historischen Entwicklung zur »Regional Governance«. In: Erziehungswissenschaft und Beruf. 52. Jg, H. 4, S. 463-486.

8 Vgl. Deutsches Jugendinstitut: »Lokale Bildungslandschaften in Kooperation von Ganztagsschule und Jugendhilfe«; im Internet unter http://www.dji.de/cgi-bin/projekte/output.php?projekt=596. Ferner: Bertelsmann-Stiftung und Ministerium für Schule und Weiterbildung in Nordrhein-Westfalen: »Selbständige Schule« Im Internet unter http://www.selbststaendige-schule.nrw.de.

9 Vgl. Minderop, Dorothea; Solzbacher, Claudia (2007): Ansätze und Dimensionen – eine Einführung. In: Dies. (Hrsg.): Bildungsnetzwerke und Regionale Bildungslandschaften. Ziele und Konzepte, Aufgaben und Prozesse. München: Luchterhand, S. 3.

bünde«. Kooperationsverbünde kommen ohne institutionalisierte Führungsleistung aus.[10] Diese Form der Zusammenarbeit bezeichnen Minderop und Solzbacher als »Netzwerk«. »Netzwerk« ist ein zentraler Begriff der systemtheoretischen Organisationstheorie. »Ein Netzwerk verwebt Identitätsentwürfe von Personen, Institutionen, Ideologien und Geschichten zu einem Versuch wechselseitiger Kontrolle, der an den Identitäten, die hier im Spiel sind, laufend scheitert und daraus, nämlich aus den resultierenden Unsicherheiten, seine nächsten Motive rekrutiert.«[11] Identitäten bringen Selbstreferenzen zum Ausdruck. Sie erweitern den Raum der Unsicherheiten, weil die Selbstreferenz der Organisationen jeden Bezug auf andere Organisationen unwahrscheinlich werden lässt.[12] Darauf reagiert Kontrolle im Sinne einer »Unsicherheitsabsorption«. Kontrolle und Identität verweisen aufeinander und sind ohne die jeweils andere nicht zu haben.[13] In einem Netzwerk findet ein permanentes Markieren und Aushandeln von Organisationsgrenzen statt, das zum einen zu einer Verfestigung der Grenzen (Identität), zum anderen zu einer Öffnung bzw. Verschiebung von Grenzen (Kontrolle) führt. Dieses permanente Oszillieren der Grenzen macht die Kooperation von unterschiedlichen Organisationen erst möglich, aber auch so schwierig.

Ein Beispiel für das Oszillieren der Grenzen: Ein Trierer Tandem organisiert einen gemeinsamen Elternabend für die Vorschulkinder. Ziele des Elternabends sind: Erläuterungen zu den Bildungsangeboten im letzten Kindergartenjahr, Erläuterungen der gemeinsamen Projekte und Aktionen und Präsentation der Einrichtungen als eine Einheit, deren Aufgabe die gelungene Gestaltung des Übergangs ist. Bereits die Vorbereitungen, aber vor allem die Durchführung des Elternabends veranschaulichen die Oszillation der Grenzen bzw. den ständigen Wechsel zwischen Einheit und Differenz. Grundschule und Kindergarten variieren je nach Themen zwischen den Formen und verdeutlichen in der Kommunikation ihre Grenzen, denn es ist von dem Übergang der einen in die andere Einrichtung die Rede, aber sie präsentieren sich auch als Einheit, indem sie betonen, dass sie voneinander wissen und Projekte/Aktionen gemeinsam planen und durchführen.

Das Tandem macht es sich zur Aufgabe, Formen und Praktiken der jeweiligen Einrichtungen zu beobachten, zu diskutieren und Kooperationsbestrebungen zu entwickeln bzw. zu verfestigen. Ein ponte-Tandem kann beschrieben werden als eine intermediäre Instanz, die der Ort eines Netzwerkes von Kindertagesstätten und Grundschulen ist. Es ist eine schwach institutionalisierte, informelle organisatorische Einheit, in der die unterschiedlichen Handlungslogiken der Erzieherinnen und Erzieher, Lehrerinnen und Lehrer dargestellt und reflektiert werden können.

Die zentrale Eigenschaft des Tandems – ein geschützter Raum zu sein, der vom konkreten Handlungsdruck der Einrichtungen befreit ist, ist zugleich das Kernstück in ponte. »Jetzt, wo ich weiß, dass im Kindergarten ganz anders gearbeitet wird, als ich dachte, sehe ich auch Schule wieder ganz anders. Wir sind uns in manchen Dingen näher, als ich dachte«, oder: »Das Bild vom Unterricht, das ich hatte, unterscheidet sich doch sehr von

10 Ebd.

11 Baecker, Dirk (2005): Form und Formen der Kommunikation. Frankfurt a.M.: Suhrkamp, S. 226.

12 Vgl. ebd. S. 227.

13 Ebd., S. 228.

dem, was ich bei den Hospitationen beobachtet habe«. Das sind Aussagen, die veranschaulichen, wie Lehrerinnen und Erzieherinnen in Tandems Zeit und Raum gewinnen, sich und die jeweiligen Institutionen, die Rahmenbedingungen und Strukturen kennen zu lernen, darüber zu diskutieren und Möglichkeiten des Anschlusses zu entdecken. Jedes Tandem setzt seine eigenen thematischen Schwerpunkte, ist durch unterschiedliche Ausgangslagen gekennzeichnet und arbeitet in eigenen Zeitrhythmen, und dennoch gibt es übergreifende thematische Gemeinsamkeiten. Die konkrete Gestaltung des Übergangs oder die Zusammenarbeit mit Eltern sind Themen, die in allen Tandems eine große Relevanz besitzen und so auf einen generellen Bedarf hindeuten.

Das Tandem kann die selbstgesetzte Aufgabe erfüllen, weil und insoweit es als Organisationsform auf die Unmög-lichkeit antwortet, die strukturellen Trennungen und Gegensätze zwischen Kindergarten und Grundschule zu über-winden. Diese Leistung erbringt es als eine hybride Sozialform: Es überbrückt Gegensätze nicht, sondern schafft ein gemeinsames Drittes. In diesem Dritten ist die Wirklichkeit von Verständigungsprozessen – ihre Langsamkeit, Zirkularität, Widersprüchlichkeit, nicht zuletzt ihr Scheitern – und die Bedeutung von scheinbar externen Vorgaben, Rahmenbedingungen und Ressourcen nicht lediglich ein »noch-nicht«, sondern der Umgang mit dem Problem selbst.

Moderation

Jedes Tandem wird von einer Moderatorin oder einem Moderator begleitet und unterstützt.[14] Die Unterstützung des Tandems durch eine Moderatorin/einen Moderator wird von den Teilnehmerinnen und Teilnehmern als unersetzlich bewertet: »Erst durch die Moderation, durch den Blick von außen, durch jemanden, der die Fäden in der Hand hält, ist es uns möglich geworden zusammenzuarbeiten. Wir wollten schon länger kooperieren, aber bisher hat uns der Rahmen und die Unterstützung gefehlt«, ist eine Aussage, die dies illustriert. Ziel des Programms ponte ist aber, dass sich die Moderatorin bzw. der Moderator mit der Zeit »überflüssig« macht. Das heißt, es geht um die Befähigung der Tandems, selbstorganisiert und eigenverantwortlich arbeiten zu können. Die Nachhaltigkeit und Kontinuität der Kooperation ist oberstes Ziel in ponte, da nach der Programmlaufzeit keine Moderatorin mehr vor Ort sein wird, um den Prozess begleitend zu unterstützen.

Da die Moderation das Ziel immer vor Augen hat, ist es ihre Aufgabe, gemeinsam mit dem Tandem Strukturen zu entwickeln, die »tiefer liegen«. Sie setzt gemeinsam mit dem Tandem den organisatorischen Rahmen, entwickelt zeitliche Rhythmen, formt die Tandemarbeit zu einer zwar schwach institutionalisierten aber dennoch regelgeleiteten organisatorischen Einheit und sorgt für die Einhaltung des gesetzten Rahmens. Wichtig ist, den Ist-Zustand in den Tandems zu analysieren, eine Zielvereinbarung zu formulieren und in den Prozess Reflexionsschleifen einzubauen, um den Verlauf von ponte analysieren und steuern zu können. Es werden Vereinbarungen getroffen und Strukturen generiert, die von allen Tandemteilnehmerinnen und -teilnehmern, aber auch von den Kolleginnen und Kollegen der Einrichtungen und den Leitungen getragen und unterstützt werden, um die Kooperation auch langfristig zu sichern. Letztlich können im Tandem lediglich Vereinbarungen getroffen, jedoch keine Verträge geschlossen werden.

14 Vgl. auch den Beitrag von Bianca Kreid über »Moderation« in diesem Band.

Die Intensität der Kooperation und vor allem ihre Qualität bleiben von der Motivation der beteiligten Akteure abhängig. Dieser Sachverhalt ist zugleich die Stärke, aber auch die Schwäche des Konzepts. Eine Grenze von ponte ist gewiss die zu sehr an konkrete Personen gebundene Kooperation – das kann schnell zu einem Ende der Zusammenarbeit führen. Auf dieses Problem hat ponte kaum eine Antwort, da die Tandems zu schwach institutionalisiert sind, um nachhaltige Verbindlichkeiten zu begründen. Die Tandemteilnehmer wissen um dieses strukturelle Dilemma. Sie versuchen Instrumente einzuführen, die strukturbildende Funktionen erfüllen und die Kooperation weitestgehend von ihnen als konkreten Personen lösen. Dies sind z.B. Kooperationshandbücher, in denen die verschiedenen Prozesse der Übergangsgestaltung geregelt werden; oder Kooperationskalender, die den Ablauf des letzten Kindergartenjahres zeitlich gliedern und Aufgaben und Verantwortlichkeiten regeln; oder Zielvereinbarungsdokumente, die einen bestimmten Zeitabschnitt – beispielsweise ein Halbjahr – strukturieren und als strategische Reflexionsinstrumente fungieren. All diese Instrumente werden innerhalb der gesetzten Rahmenbedingungen genutzt und unterstützen die Teilnehmer bei der Orientierung und Planung, indem sie mit einer gewissen Verbindlichkeit behaftet sind, aber die Grenzen dieser Verbindlichkeit sind immer präsent. Entscheidend ist die Motivation der einzelnen Individuen, die letztlich zu nichts verpflichtet sind, was nicht durch ihre Rolle als Mitarbeiterin oder Mitarbeiter definiert ist. Auch wenn die Kooperation zwischen Kindergarten und Grundschule rechtlich festgelegt ist, so sagen die Gesetze doch nichts über das »Wie« der Kooperation. Die Gestaltung obliegt den konkreten Personen, denen die Kompetenz eines Unvereinbarkeitsmanagements abverlangt wird.

Generalisierbarkeit und Ausblick

Das organisationstheoretische Verständnis der Aufgabe, die sich das Programm ponte gestellt hat, nimmt das systematische Technologiedefizit von Pädagogik ernst. Damit steht ponte jedoch quer zum bildungspolitischen Mainstream. Innovation und Qualität sollen durch Dialog und Reflexion von Selbstverständnis und Erfahrung der beteiligten Akteure erreicht werden, während die Messung von Effekten und die Festlegung von Bildungsstandards den Mainstream der Debatte um Qualität und Wandel des Bildungswesens auf allen Ebenen prägt. Das Prinzip der lokalen Orientierung, die Form des Tandems und die Methode der Kooperation sind strategische Elemente des Programms ponte, die einem bildungstechnologischen Verständnis von Organisationsentwicklung widersprechen. Umso mehr muss sich das Programm Gedanken machen über die Generalisierbarkeit seines Ansatzes und seiner Ergebnisse.

Die organisationstheoretische Vergegenwärtigung des Programms ponte hat auch für andere Schnittstellen zwischen dem Sozial-, Gesundheits-, Rechts- und Bildungsbereich Bedeutung. Häufig werden »runde Tische«, »Fallkonferenzen«, »interprofessionelle Arbeitsgruppen« etc. als Lösungen angeboten, obwohl sie zunächst eher das Problem veranschaulichen und daher oft enttäuschen. Tandems und Moderation führen im Rahmen des Programms ponte darüber hinaus, weil und insoweit sie bewusst nicht als Instrumente der Problemlösung, sondern als Formen des Unvereinbarkeitsmanagements begriffen und gehandhabt werden.

Qualität
schlägt Brücken

Qualität schlägt Brücken
Eine Programmbilanz

Jens Hoffsommer, Jörg Ramseger

2004 startete das Programm »ponte. Kindergärten und Grundschulen auf neuen Wegen« in der Pilotregion Cottbus. Auf Basis einer Konzeptidee der Internationalen Akademie für innovative Pädagogik, Psychologie und Ökonomie an der Freien Universität Berlin wurden erste Erfahrungen und Erkenntnisse über die Zusammenarbeit von Kindergarten und Grundschule und die Entwicklung der Bildungsqualität in beiden Einrichtungen gesammelt. Finanziert wurde bereits diese Pilotphase durch die Deutsche Bank Stiftung.

Diese Erfahrungen nutzend, wurde das Programm zunächst auf ganz Brandenburg und dann auf weitere Bundesländer ausgeweitet. Nach vier Jahren lässt sich die rein zahlenmäßige Bilanz vorzeigen: In 28 Tandems, bestehend aus 46 Kindergärten und 28 Grundschulen der beteiligten Länder Brandenburg, Berlin, Sachsen und der Region Trier haben etwa 200 Pädagoginnen und Pädagogen an ihrem gemeinsamen Bildungsverständnis gearbeitet, haben sich gegenseitig in ihrem Arbeitsalltag kennen gelernt, unzählige große und kleine Gemeinschaftsprojekte durchgeführt. Dabei standen immer die Kinder und das Bemühen um eine kindgerechte Bildungsentwicklung im Fokus. Neben der quantitativen Bilanz lassen sich in ponte natürlich auch qualitative Entwicklungen darstellen. Dazu im Folgenden mehr.

Zwei »Welten« begegnen sich

Mit Kindergarten und Grundschule begegnen sich zwei Institutionen, die stellvertretend für die jeweiligen Herkunftssysteme stehen. Der Kindergarten – im geschichtlichen Kontext primär ein Ort der Fürsorge und Betreuung – und die Grundschule als Vertreterin eines preußisch oder – je nach Bundesland – napoleonisch geprägten Schulsystems. Zwei Orte, deren unterschiedliche Herkunft offenbar ist und die sich in ihrer institutionellen Kultur entsprechend unterscheiden.[1]

In beiden Bildungsinstitutionen vollzog sich in den letzen Jahren ein großer Wandel. Frühe Bildung erhält in den letzten Jahren viel Beachtung. Politik orientiert sich immer mehr an den aktuellen wissenschaftlichen Erkenntnissen der Bildungsforschung. Sie hat erkannt, dass Reformen notwendig sind, und handelt.

Auch die Grundschulen durchlaufen massive Veränderungsprozesse. Nach dem »PISA-Schock« ist Bewegung in das bundesdeutsche Bildungssystem gekommen. Individuelle Förderung ist nur eine zentrale Herausforderung für die Pädagoginnen und Pädagogen. Die Bundesländer versuchen auf unterschiedliche Weise, den Anforderungen gerecht zu werden: Die Schulanfangsphase wird bundesweit reformiert, neue Lehrpläne wurden entwickelt und implementiert.

1 Siehe hierzu auch den Beitrag von Michael-Sebastian Honig und Bianca Kreid »Kooperation als Unvereinbarkeitsmanagement« in diesem Buch.

In dieser Zeit des Wandels startete das Programm. Es setzt genau an diesen Veränderungsprozessen in Kindergarten und Grundschule an, hat die aktuellen gesellschaftlichen und wissenschaftlichen Entwicklungen aufgegriffen und daraus Entwicklungsmaximen formuliert:

»PONTE will Erzieherinnen und Grundschulpädagoginnen helfen, anregungsstarke Lernsituationen für Kinder im Vor- und Grundschulalter zu gestalten, die die Kreativität, die Intelligenz, die soziale Kompetenz und die Selbststeuerungsfähigkeiten von Kindern besonders herausfordern und unterstützen. Die Förderung von Kindern mit Lern- und Leistungsproblemen soll im Rahmen solcher für alle Kinder anregenden Bildungssituationen erfolgen. (...) Bildungspolitische Systementscheidungen wie zum Beispiel die Einführung von mehr Kindertageseinrichtungen und Ganztagsschulen oder die Ausarbeitung von überregionalen Bildungsstandards zielen auf eine Verbesserung der Arbeitsbedingungen aller Bildungseinrichtungen – unabhängig von ihren lokalen und individuellen Besonderheiten. PONTE konzentriert sich demgegenüber auf das Lern- und Bildungsverständnis innerhalb der einzelnen Einrichtungen, wobei die regionalen und individuellen Unterschiede berücksichtigt und zum Bezugspunkt für pädagogisches Handeln genommen werden.«[2]

Durch das Engagement der Deutschen Bank Stiftung und später weiterer Förderer wie die Stiftung Lausitzer Braunkohle und die Nikolaus Koch Stiftung konnte sich ponte auf den Weg machen, mit zwei Bildungsinstitutionen gemeinsam an der Brücke der Qualitäts- und Praxisentwicklung zu bauen.

Der Schlüssel zu mehr Qualität: die Pädagoginnen und Pädagogen

Der Bildungsbericht »Bildung in Deutschland 2008« beschreibt die zentrale Rolle der Pädagoginnen und Pädagogen im Reformprozess: »Dem Bildungspersonal kommt für die erfolgreiche Gestaltung von Bildungsprozessen und für die damit verbundenen Ergebnisse sowie für die Sicherung und Weiterentwicklung der Qualität des Bildungssystems eine entscheidende Bedeutung zu. Durch Ausbildung, Einsatz und weitere Qualifizierung des Personals werden wesentliche Rahmenbedingungen des Bildungssystems definiert.«[3]

Die Qualifizierung der Pädagoginnen und Pädagogen in Kindergarten und Grundschule für eine innovative Praxis hat sich das Programm ponte von Anfang an zum Ziel gemacht. Im Programm ponte wurde mithin nicht direkt mit Kindern gearbeitet, sondern darauf hingewirkt, Experimentierfreude und die Bereitschaft zur Revision der eigenen Praxis bei den verantwortlichen Pädagogen zu wecken oder zu unterstützen. Dabei wurde das Eigentliche nie aus den Augen verloren, die Bildungs- und Lebenssituation von Kindern zu verbessern. ponte hat sich der Herausforderung gestellt, vom Übergang zwischen Kindergarten und Grundschule aus in

2 Dreier, Annette; Preissing, Christa; Ramseger, Jörg; Zimmer, Jürgen (2004): PONTE – Kindergärten und Grundschulen auf neuen Wegen, Teil I: Konzeption für ein Forschungs- und Entwicklungsprojekt. Berlin: Internationale Akademie für innovative Pädagogik, Psychologie und Ökonomie an der Freien Universität Berlin – INA gGmbH.

3 Autorengruppe Bildungsberichterstattung im Auftrag der Ständigen Konferenz der Kultusminister der Länder in der Bundesrepublik Deutschland und des Bundesministeriums für Bildung und Forschung (Hrsg.) (2008): Bildung in Deutschland 2008. Ein indikatorengestützter Bericht mit einer Analyse zu Übergängen im Anschluss an den Sekundarbereich I. Bielefeld: Bertelsmann, S. 42.

beiden Institutionen einen Qualitätsentwicklungsprozess anzuregen und Pädagoginnen und Pädagogen in beiden Einrichtungen zu qualifizieren.

Die externe Evaluation hat den Erfolg dieses Vorhabens deutlich bestätigt. Vor allem zwischen den Pädagoginnen und Pädagogen ist eine neue Beziehung entstanden. »Kollegialität und gleiche Augenhöhe, wertschätzender Umgang« bestimmen nach ponte die Kooperation zwischen Kindergarten und Grundschule. Die veränderte Wahrnehmung basierte auf einer intensiven programmatisch angelegten Kennenlernphase mit Hospitationen und dem Kennenlernen der jeweilig anderen Arbeitsbasis. Dies ging oft einher mit der gemeinsamen Reflexion der Berufsbiographie. Diese Erfahrung war die Basis für eine Veränderung der pädagogischen Praxis und für einen Austausch über gemeinsame und trennende Bildungsgrundlagen und Bildungsverständnisse.

Um eine höhere Qualität in Kindergarten und Grundschule zu schaffen, bedarf es einer gezielten Personalentwicklung. Neben externen Angeboten der Weiterbildung ist eine einrichtungsspezifische Unterstützung not-wendig. Dies ist nur möglich, wenn Bildung und Qualifizierung finanziert werden und Pädagoginnen ausreichend Zeit zur Verfügung gestellt wird. Nicht zuletzt muss sich die verantwortungsvolle Tätigkeit der Pädagoginnen auch in einer größeren gesellschaftlichen Anerkennung widerspiegeln.

Wie sich Institutionen verändern – eine strukturelle Bilanz

ponte zielt auf die Veränderung von Institutionen ab. Dazu ist das Überdenken der eigenen pädagogischen Haltungen und Prämissen eine wesentliche Voraussetzung. Institutionen kommen in Bewegung, wenn sich die in ihnen handelnden Personen bewegen. ponte versteht sich als Entwicklungsprogramm, das – den Übergang als gemeinsamen Berührungspunkt nutzend – einen Qualitätsentwicklungsprozess in beiden Institutionen zugleich anregen will. Schlüssel der Veränderung ist die gemeinsame Reflexion der pädagogischen Praxis. Dies setzt vor allem die Kenntnis der je eigenen pädagogischen Handlungsgrundlagen sowie das Wissen über die Grundlagen der jeweils anderen Einrichtung voraus.

Hier wurde in manchen Tandems ein großer Nachholbedarf festgestellt. Es fehlte vielfach an Wissen über die Bildungs- und Rahmenpläne, Lehrpläne, Fachkonzepte und Schulprogramme. Diese theoretischen bzw. administrativen Grundlagen wurden mit Hospitationen in Kindergarten und Grundschule angereichert – ein nicht immer leichter Schritt, da zumindest in den neuen Bundesländern mit Hospitation bisweilen immer noch auch »Kontrolle« verbunden wird. Doch die Erfahrung der Reflexion pädagogischer Handlungsgrundlagen und des pädagogischen Handelns wurde zunehmend positiv empfunden und zum Kernelement der Veränderungsprozesse.

Wie die interne und die externe Evaluation belegen, führte der Diskurs über die pädagogischen Grundlagen immer wieder auch zu »Irritationen« der eigenen Praxis- und Erfahrungswelt. Diese Irritation kann als weiterer Antrieb für Veränderungs- und Qualitätsentwicklungsprozesse gewertet werden. Es ist aber darauf zu achten, dass die Pädagoginnen dabei nicht allein gelassen, sondern verantwortungsvoll begleitet werden. ponte hat dies mit seinem Moderationssystem berücksichtigt und den Prozess gemeinsam mit den Pädagoginnen und Pädagogen gestaltet.

Das Erschließen der Grundlagen der jeweiligen pädagogischen Arbeit in Kindergarten und Grundschule war Anlass für übergreifende Teamentwicklungsprozesse in Kindergarten und Grundschule. ponte hat aus dem neutralen »Raum« der moderierten Tandemtreffen heraus die fachliche und strukturelle Entwicklung der Teams bzw. Kollegien vorangetrieben. Die Erfahrung eines Ortes der Praxisreflexion und des Diskurses über pädagogisches Handeln war für Lehrerinnen oft eine neue Erfahrung. Die Möglichkeit zu inhaltlichem, fachlichem Austausch eröffnete den Pädagoginnen neue Perspektiven für die eigene Arbeit. Gerade von Schulseite wurde ponte oft als der erste Ort gemeinsamer Reflexion in der Praxis beschrieben. Reflexive Teamentwicklungselemente wie kollegiale Beratung oder das Fallgespräch waren vielerorts neue Erfahrungen im Schulkontext und wirkten unmittelbar positiv.

Aber auch in Kindergartenteams ist reflexives Arbeiten noch nicht überall selbstverständlicher Standard. Zwar sind regelmäßige Teamberatungen in dieser Institution durchaus verankert, sie dienen aber allzu oft nur der Organisation von Arbeitsabläufen. Über die Reflexion der pädagogischen Ziele wurde in ponte ein strukturiertes, zielorientiertes Handeln für Kindergarten und Grundschule entwickelt.

Dabei boten die Moderationen immer auch Gelegenheit für die Bearbeitung von Konflikten, sofern die notwendige Vertrauensbasis vorhanden war. Die Konfliktfelder waren vielfältig. Konflikte mit Kindern, mit Eltern, aber auch Teamkonflikte oder individuelle Konflikte mit den »neuen« Anforderungen an die Bildungsarbeit wurden aufgegriffen. ponte gab den Teams einen Raum für die lösungsorientierte Bearbeitung dieser Probleme und wirkte so entlastend für die Pädagoginnen und Pädagogen.

Die Teams in Kindergarten und Grundschule haben eine zentrale Rolle in Innovationsprozessen. Sie brauchen Zeit und Raum sich zu entwickeln. Qualitätsentwicklung ist entscheidend von einer positiven gemeinsamen Teamkultur abhängig. Hier steht immer auch die Ressourcenfrage zur Diskussion, die es von den Verantwortungsträgern in den Ländern, bei den Kommunen und den Trägern zu beantworten gilt.

Die Rolle der Leitung im Innovationsprozess

Leitung hat eine zentrale Rolle in Innovationsprozessen. Fehlende systematische Teamentwicklung schafft Rollendiffusion. Vor allem in Kindergärten ist immer wieder erfahrbar, dass Rollen im Team und die damit verbundenen Aufgaben bei den Pädagoginnen mancherorts unklar sind, was dann in der Teamstruktur zu Verunsicherungen führt. Gerade die Rolle der Leitung bedarf im Rahmen einer Qualitätsentwicklung dringend der Schärfung. Diffuse Macht- und Führungsstrukturen binden Energie und Kreativität, die für eine qualitativ hochwertige Bildungsarbeit notwendig sind. Dies gilt sowohl für den Kindergarten als auch für die Grundschule. Leitungskräfte sind heute mehr denn je Manager kleiner Unternehmen mit immer komplexer werdenden Aufgaben – angefangen bei der Personalplanung über die Verteilung pädagogischer Ausstattung bis hin zum Ansprechpartner für Verwaltung, Eltern und Einrichtungsträger.

Darüber hinaus verantwortet die Leitung die Bildungsqualität ihrer Institution. Gerade in diesem Bereich werden die Anforderungen immer höher, sodass schnell Druck für Leitungskräfte und das gesamte Team bzw. Kollegium entsteht. Die Aufgabenvielfalt in Kindergarten und Grundschule und die hohen fachlichen Anforderungen machen es dringend notwendig, dass in Leitung »investiert« wird.

In mehreren ponte-Tandems waren Teamkonflikte durch das spannungsreiche Verhältnis zwischen Leitung und Team geprägt. Dies hat sich auch in Anfangsszenarien im Programm ponte bzw. bei Einrichtungen, die die

Teilnahme an ponte vorzeitig beendet haben, bestätigt.[4] Oft waren es Leitungspersonen, die letztlich über die Teilnahme entschieden haben bzw. das Ende des Moderationsprozesses veranlasst haben – manches Mal auch gegen den Willen der in den Tandems arbeitenden Pädagoginnen und Pädagogen. Genauso waren Leitungskräfte Antrieb für das Team, ponte weiter zu entwickeln. Die Leitung steht oft allein und braucht für die verantwortungsvolle Aufgabe Unterstützung und Reflexion. Sie muss auf die vielfältigen Aufgaben als Managerin, Personalentwicklerin, Beraterin, Netzwerkerin, Finanzverwalterin usw. vorbereitet sein und dafür qualifiziert werden. Die Leitung bestimmt durch ihr Handeln entscheidend die Bildungsqualität der Einrichtung mit.

Qualität braucht Unterstützung – Moderation und Fachberatung

ponte hat deutlich gemacht: Kontinuierliche Kooperationsprozesse schaffen es, nachhaltige Strukturen aufzubauen und wirksam die Qualität zu entwickeln. Dabei brauchen Kindergarten und Grundschule offenbar eine Anfangsunterstützung. Der Moderationsansatz im Programm ponte hat so auch auf das oft bestehende Defizit von Fachberatung reagiert. Begleitung der Praxisreflexion und -entwicklung wirkt sich positiv aus. Die in den meisten Ländern vorhandene Fachberatung wird den Umfang und die Kontinuität der ponte-Moderation eher nicht erreichen. Doch scheint es vor dem Hintergrund der Erfahrungen aus dem Programm eher fragwürdig, wenn Kita-Fachberatungen viele Dutzend oder gar mehrere Hundert Einrichtungen begleiten sollen. Dies führt dazu, dass Fachberater über Jahre einzelne Einrichtungen nicht begleiten können.

Zusätzlich werden Fachberatungen der Einrichtungsträger oder der Bildungsverwaltungen oft mit weiteren Aufgaben betraut: Neben der qualitativen Entwicklungsunterstützung sind sie oft gleichzeitig für die Fachaufsicht verantwortlich. Mit diesem – auch in der Schulaufsicht üblichen – doppelten Mandat zwischen »Unterstützung und Kontrolle« ausgestattet, sind aber gerade Qualitätsentwicklungsprozesse schwer anzugehen, da diese Offenheit und vor allem Vertrauen aller Beteiligter brauchen und sowohl die Pädagoginnen und Pädagogen in den Einrichtungen als auch die Fachberatung selber oft in Konflikte führen.

Die ponte-Moderatorinnen und -Moderatoren hingegen hatten die Chance, als »neutrale« Personen zu agieren. Sie waren an keine der beiden »Seiten« institutionell angebunden und doch mit einem klaren Auftrag ausgestattet. Da sie keinerlei Weisungsfunktion hatten und die Zusammenarbeit mit den externen Ratgebern von den Einrichtungen jederzeit aufgekündigt werden konnte, genossen die ponte-Moderatorinnen und -Moderatoren nicht nur besonderes Vertrauen, sondern auch eine größere Unabhängigkeit als manche staatliche Fachberaterin und mancher Schulrat. Dies kam ihrem Ansehen in der Praxis durchaus zugute.

Die Erfahrungen mit ponte legen nahe, neu zu überdenken, ob nicht eine neutrale, fachliche Unterstützung von Kindergarten und Schule durch externe Berater besondere Chancen bietet, um die Bildungsqualität der Institutionen zu entwickeln. Vielleicht können externe Ratgeber mancherorts mehr bewegen als abhängige Beschäftigte der Träger bzw. Bildungsverwaltungen.

4 Vgl. den Beitrag von Ludger Pesch »Über die Mühen der Ebene. Gescheiterte oder gefährdete Kooperationen« in diesem Buch.

ponte-Transfer: Praxis, Wissenschaft und Administration im Dialog

ponte hat den Dialog zwischen zwei unterschiedlichen Bildungsinstitutionen initiiert. Doch dabei ist es im Programm ponte nicht geblieben. Durch die Gestaltung des Programms als gemeinsamem Vorhaben der Deutschen Kinder- und Jugendstiftung und der Internationalen Akademie für innovative Pädagogik, Psychologie und Ökonomie an der Freien Universität Berlin wurde in ponte der Transfer zwischen Praxis und Theorie erfolgreich angeregt. In Workshops für alle ponte-Tandems und durch die regelmäßigen Programmtreffen zwischen Programmmitarbeitern, Moderatoren und der begleitenden Wissenschaft wurden aktuelle wissenschaftliche Erkenntnisse in den Programmprozess eingespeist. Umgekehrt konnten die Wissenschaftler die Erfahrungen aus dem Programmprozess in Forschung und Lehre nutzen. Dieser direkte Bezug war ein Qualitätsgarant der Programmarbeit. Wenn auch dieser Kooperationsprozess auf Grund unterschiedlicher Interessen einer Stiftung und eines Wissenschaftsinstituts nicht immer ganz konfliktfrei war, so hat diese enge Kooperation die hohe Programmqualität durchgehend gesichert. Die Ergebnisse dieses Transfers spiegeln sich nicht zuletzt im vorliegenden Buch wieder, einer Gemeinschaftsproduktion von Pädagoginnen aus der Praxis, Programmmitarbeitern, Moderatorinnen und Moderatoren und Wissenschaftlern.

Es wurden aber nicht nur die Pädagoginnen und Wissenschaftler zusammengebracht, auch die Bildungsverwaltung war Teil des Dialogs und der gemeinsamen Reflexion. Sie wurde kontinuierlich in den Programmprozess einbezogen. Erfahrungen aus ponte wurden mit den Verantwortlichen aus den Verwaltungen reflektiert, Schlussfolgerungen für die Rolle und das Handeln von Verwaltung gezogen. Diese enge Kooperation zeigt gerade am Programmende ihre Wirkung. Die enge Einbeziehung der zuständigen Bildungsadministration hat eine gemeinsame Verantwortung für das im Programm Entwickelte erzeugt. Auf dieser Basis ist ein Erfahrungstransfer möglich, der die Erkenntnisse in die staatlichen Strukturen implementiert. Insbesondere in Brandenburg, wo ponte vier Jahre lang wirksam war, sind die Protagonisten des Programms in zahlreiche weitere Programme und Projekte der Bildungsverwaltung eingebunden worden, wirken in regionalen Bildungsforen und natürlich bei zahlreichen Weiterbildungsprogrammen des Landes mit.

Aus Sicht der Deutschen Kinder- und Jugendstiftung und der Internationalen Akademie für innovative Pädagogik, Psychologie und Ökonomie an der Freien Universität Berlin – INA gGmbH, die sich gemeinsam als »Moderatoren« zwischen Praxis, Wissenschaft und Bildungsadministration verstehen, ist ponte ein Beispiel für einen gelungenen Programmverlauf in der Zusammenarbeit zwischen Stiftung, Wissenschaft, Administration und Praxis. Die gemeinsame Verantwortung der Beteiligten hat sich maßgeblich auf die Qualität des Programms und seine Nachhaltigkeit ausgewirkt.

Die Erfahrungen zeigen uns, dass es über die direkte und immer wiederkehrende Begegnung der unterschiedlichen Akteure in nicht oder lediglich wenig hierarchisch vorbestimmten Situationen gelingen kann, lang gehegte Vorurteile und eventuelle Feindbilder schrittweise abzubauen. Hieraus können Strategien erwachsen, die Ressourcen bündeln.

Fach-, professions-, und hierarchieübergreifendes Arbeiten befördert so innovative Entwicklungen. Zielorientierte regionale Netzwerke werden entscheidend, um die Herausforderungen im Bildungssektor zu bewältigen. Sie schaffen den Rahmen, tatsächlich gemeinsam Verantwortung für Bildung zu übernehmen.

Kooperation auf allen Ebenen

ponte zeigt abschließend: Auch die Bildungsverwaltungen müssen den gleichen Schritt wagen, wie Kindergarten und Grundschule. Oft sind in den Verwaltungen die gleichen historischen Trennungen und tradierten Rollenverständnisse anzutreffen, wie in den Bildungseinrichtungen vor Ort. Es ist notwendig, dass die Bildungsverwaltungen, die für Kindergarten und Grundschule Verantwortung tragen, gemeinsame Wege einschlagen. Dabei sind Zuständigkeiten (Land einerseits – Kommunen und private Träger andererseits) bzw. unterschiedliche ministeriale Verantwortlichkeiten und die verschiedenen gesetzlichen Grundlagen Hürden, die es zu bewältigen gilt. Um den Kindern optimale Entwicklungs- und Bildungschancen zu ermöglichen, ist eine enge Kooperation unabdingbar. ponte hat hier in der konkreten Programmarbeit Akzente gesetzt.

Bildungsadministration braucht den Austausch, die gemeinsame Reflexion und Einsicht in die Perspektive der anderen Institution, um zukunftsweisende Rahmenbedingungen ermöglichen zu können. Nur gemeinsam sind Übergänge, bei denen Kinder und Erwachsene gemeinsam wachsen und voneinander lernen können, erfolgreich zu gestalten.

Qualität braucht einen verlässlichen Rahmen – eine bildungspolitische Bilanz

Um die Bildungsqualität in Kindergarten und Grundschule erfolgreich zu entwickeln, braucht es gute Rahmenbedingungen für die Pädagoginnen in der Praxis. In der direkten Programmarbeit mit den Pädagoginnen wurden vor allem die fehlenden zeitlichen Ressourcen als entscheidendes Manko benannt. Dabei geht es nicht nur um die zeitliche Verankerung der Kooperationen selbst. In Grundschule und Kindergarten fehlt die Zeit für inhaltliche und reflexive Teamarbeit. Dies geht oft einher mit Zeitmangel für Beobachtung und Dokumentation sowie Mangel an Ressourcen für die Zusammenarbeit mit Eltern bzw. Erziehungspartnerschaft. Freiwilliges Engagement der Pädagoginnen gleicht dieses Zeitdefizit immer wieder aus – allzu oft um den Preis der Selbstausbeutung.

Ein solches persönliches Zusatzengagement geht auf die Dauer auf Kosten der Pädagoginnen und Pädagogen und muss sich letztlich negativ auf die Bildungsqualität der Einrichtungen auswirken. Bei vielen Pädagoginnen und Pädagogen, die in den letzten Jahren mit einer Fülle von Reformaufgaben überflutet wurden, während sich gleichzeitig ihre Arbeitsbedingungen kontinuierlich verschlechtert haben, haben wir eine große Verbitterung wahrgenommen. Der Abbau dieser Überlastung und die Gewährung ausreichender Zeitressourcen für die Pädagoginnen und Pädagogen – Vorbereitungs-, Nachbereitungs- und Reflexionszeiten sowie Zeit für die Systementwicklung – ist die größte Herausforderung, vor der die elementare Bildung und die Primarbildung unseren Erfahrungen im Programm ponte zufolge stehen. Im Interesse einer qualitätsvollen Entwicklung von Kindergarten und Grundschule scheint es uns unabdingbar, dass eine schrittweise Erhöhung der Investitionen in die frühe Bildung in Angriff genommen wird. Einige politisch Verantwortliche haben dies erkannt und begeben sich Schritt für Schritt auf diesen Weg. Es bleibt dennoch viel zu tun.

ponte in Zahlen

Zahl der an ponte beteiligten Tandems	
	Tandem
Berlin	4
Brandenburg	14
Sachsen	5
Rheinland-Pfalz	5
gesamt	28

Zahl der an ponte teilnehmenden Kindergärten und Grundschulen			
	Kindergärten	Grundschulen	gesamt
Berlin	8	4	12
Brandenburg	22	14	36
Sachsen	7	5	12
Rheinland-Pfalz	9	5	14
gesamt	46	28	74

Zahl der aktiv[1] in ponte eingebundenen Erzieherinnen und Lehrerinnen			
	Erzieherinnen	Grundschullehrerinnen	gesamt
Berlin	23	12	35
Brandenburg	44	35	79
Sachsen	15	14	29
Rheinland-Pfalz	30	13	43
gesamt	112	74	186

1 »Aktiv eingebunden« bedeutet, dass sich diese Pädagoginnen und Pädagogen regelmäßig zu Gesprächen treffen, die von einer externen Moderatorin begleitet werden.

Akteure, Partner und Materialien

Autorinnen und Autoren

Blaschke, Gerald; Diplom-Pädagoge, wissenschaftlicher Mitarbeiter an der Freien Universität Berlin

Feller, Iris; Erzieherin, Kita »Waldhaus«, Guben

Förster, Dr. Regine; Bildungsjournalistin, Leipzig

Freire, Marta; M.A., Programmmitarbeiterin der DKJS, Berlin

Friedrich, Andrea; M.A., wissenschaftliche Mitarbeiterin der INA gGmbH, Berlin

Funk, Alexander; Bildungsjournalist, Trier

Hausmann, Anke; Erzieherin, Kita »Waldhaus«, Guben

Herzog, Beate; Grundschullehrerin, Corona-Schröter-Grundschule, Guben

Hildebrandt, Dr. Frauke; ponte-Programmverantwortliche für Brandenburg, Ihlow

Hoffsommer, Jens; Diplom-Sozialpädagoge, Leiter des Programms ponte, Dresden

Honig, Dr. Michael-Sebastian; Professor für Pädagogik an der Universität Trier und wissenschaftlicher Begleiter des Programms in Rheinland-Pfalz, Trier

Klatt, Andrea; Diplom-Pädagogin, Moderatorin im Programm ponte, Berlin

Kreid, Bianca; Diplom-Pädagogin, Moderatorin im Programm ponte, Trier

Leitner, Barbara; Diplom-Journalistin, Freie Journalistin, Autorin und Coach, spezialisiert auf Bildungsfragen, Berlin

Maschke, Kerstin; Erzieherin, Kita »Waldhaus«, Guben

Nentwig-Gesemann, Dr. Iris; Professorin für Bildung im Kindesalter an der Alice-Salomon-Fachhochschule Berlin

Nicht, Jörg; M.A. wissenschaftlicher Mitarbeiter in der Arbeitsstelle Bildungsforschung Primarstufe an der Freien Universität Berlin

Pesch, Ludger; Diplom-Pädagoge, Mitgesellschafter der INA gGmbH an der Freien Universität Berlin, Leiter der Bundesgeschäftsstelle des Pestalozzi-Fröbel-Verbandes e.V., Berlin

Piper, Sandra; M.A., Programmmitarbeiterin der DKJS, Berlin

Preissing, Dr. Christa; Diplom-Soziologin, Vizepräsidentin der INA gGmbH an der Freien Universität Berlin

Ramseger, Dr. Jörg; Professor für Schulpädagogik an der Freien Universität Berlin mit dem Schwerpunkt Bildungsforschung der Primarstufe. Wissenschaftlicher Leiter des Programms ponte.

Kontaktdaten

Deutsche Kinder- und Jugendstiftung (DKJS)
Tempelhofer Ufer 11
10963 Berlin
AnsprechpartnerInnen:
Jens Hoffsommer, Marta Freire, Sandra Piper
E-Mail: ponte@dkjs.de
Tel: 030-25 76 76 35
Fax: 030-25 76 76 10

Internationale Akademie für innovative Pädagogik, Psychologie und Ökonomie an der Freien Universität Berlin – INA gGmbH
Projekt ponte
Prof. Dr. Jörg Ramseger, Dr. Christa Preissing
Königin-Luise-Str. 29
D-14195 Berlin
E-Mail: ponte@fu-berlin.de
Tel: 030-838 55 406
Fax: 030-838 55 413

Home-Page: www.ponte-info.de

Verzeichnis der ponte-Einrichtungen

Brandenburg

Beeskow
Fontane Grundschule, Grundschule 1 Beeskow
Kita Biene Maja, Kita Kiefernzwerge, Kita Benjamin Blümchen, Kita Spreespatzen

Cottbus
Regine-Hildebrandt-Grundschule
Kita Max und Moritz, Kita Storchennest
Fröbel-Grundschule
Friedrich-Fröbel Kindergarten

Guben
Corona-Schröter-Grundschule
Kita Musikspielhaus, Kita Waldhaus

Lübbenau
1. Grundschule Lübbenau
Kita Regenbogengruppe
Jenaplanschule Lübbenau
Evangelische Kindertagesstätte Amalie-Schmieder-Haus

Burg/Werben
Grundschule Burg/Werben
Kita Pusteblume

Wünsdorf-Waldstadt
Erich-Kästner-Grundschule
Kita Waldstadt, Kita Rappelkiste

Vetschau
Grundschule Vetschau
Kita Rappelkiste, Kita Sonnenkäfer

Schwielowsee
Grundschule Albert Einstein, Meusebach-Grundschule
Kita Birkenhain, Kita Schwielowsee, Kita Villa Sonnenschein

Spremberg-Sellessen
Heidegrundschule
Kita Hummelnest, Kita Hasenheide

Forst
Evangelische Grundschule
Evangelische Kita

Berlin

Prenzlauer Berg
Thomas-Mann-Grundschule
Kita Prenzelberger Spielmäuse

Schöneberg
Grundschule am Barbarossaplatz
Pestalozzi-Fröbel-Haus, Kita Belziger Strasse,
Pestalozzi-Fröbel-Haus, Eisenacherstrasse,
Pestalozzi-Fröbel-Haus, Kita Barbarossastrasse,
INA-Kita Frankenstrasse

Kreuzberg
Lenau-Grundschule
Kita Baerwaldstrasse, AWO Kita Sonnenschein

Wedding
Brüder-Grimm-Grundschule,
INA-Kita Brüsseler Strasse

Sachsen

Dresden
Laborschule Omse e.V.
Kita »Kümmelkrümel« Omse e.V.,
Kita »Wirbelwind« Omse e.V.
Freie Montessorischule KILALOMA
Kinderhaus krea(k)tiv
91. Grundschule »Am Sand«
Kita mit Hort Struppener Straße 10
Ökologische Kindertagesstätte »Elbspatzen« Meußlitzer Straße 41
19. Grundschule Am Jägerpark 5
Kita Am Jägerpark 7

Markranstädt/Gärnitz
Grundschule Kulkwitz (Markranstädt)
AWO Kita »Weltentdecker« Kulkwitz

Rheinland-Pfalz

Trier
Ausonius-Grundschule
Katholische Kindertagesstätte St. Valerius
Kita Haus für Kinder
Gregor-von-Pfalzel-Grundschule
Katholische Kindertagesstätte Sankt Adula
Grundschule Ruwer-Trier
Katholische Kindertagesstätte St. Clemens
Grundschule Heiligkreuz
Katholische Kindertagesstätte Heiligkreuz
Katholische Kindertagesstätte St. Maternus/Heiligkreuz

Schweich
Grundschule am Bodenländchen
Katholische Kindertagesstätte Angela Merici
Katholische Kindertagesstätte St. Martin
Kindertagesstätte Kinderland

Mitarbeiter im ponte-Programm

Moderatorinnen und Moderatoren

Brandenburg

Geipel, Bärbel, Grundschullehrerin, Cottbus
Malke, Uta, Grundschullehrerin, Lübbenau
Roder, Sabine, Diplom-Sozialpädagogin, Berlin

Berlin

Klatt, Andrea, Diplom-Pädagogin, Berlin

Region Trier

Bollig, Sabine, Diplom-Pädagogin, Frankfurt/M.
Haag, Christian, Diplom-Pädagoge, Trier
Kreid, Bianca, Diplom-Pädagogin, Trier

Sachsen

Engelschalt, Grit, Naturwissenschaftlerin, Dresden
Heinemann, Tobias, Diplom-Sozialpädagoge, Dresden
Klewe, Silke, Diplom-Pädagogin, Dresden

Wissenschaftliche Begleitung

Ramseger, Dr. Jörg: Professor für Schulpädagogik an der Freien Universität Berlin mit dem Schwerpunkt Bildungsforschung der Primarstufe. Wissenschaftlicher Leiter des Programms ponte.

Preissing, Dr. Christa, Diplom-Soziologin, Vizepräsidentin der INA gGmbH an der Freien Universität Berlin

Pesch, Ludger, Diplom-Pädagoge, Mitgesellschafter der INA gGmbH an der Freien Universität Berlin, Leiter der Bundesgeschäftsstelle des Pestalozzi-Fröbel-Verbandes e.V., Berlin

Friedrich, Andrea, M.A., wissenschaftliche Mitarbeiterin der INA gGmbH, Berlin

Honig, Dr. Michael-Sebastian, Professor für Pädagogik an der Universität Trier und wissenschaftlicher Begleiter des Programms in Rheinland-Pfalz, Trier

Programmleitung und Steuerung

Athenstaedt, Manuela, Erzieherin, Programmmitarbeiterin der DKJS

Freire, Marta, M.A., Programmmitarbeiterin der DKJS

Hildebrandt, Dr. Frauke, Programmverantwortliche für Brandenburg

Hoffsommer, Jens, Diplom-Sozialpädagoge, Programmleiter

Piper, Sandra, M.A., Programmmitarbeiterin der DKJS

Veröffentlichungen zu ponte

2008

Hildebrandt, Frauke (2008): Kindergärten und Grundschulen bauen Brücken. In: Betrifft KINDER, 5. Jg., H. 03-04, S. 36-67.

Hoffmann, Jeanette (2008): »...und dabei soll ich dann in der Mitte stehen«. In: Betrifft KINDER, 5. Jg., H. 03-04, S. 38-41.

Leitner, Barbara (2008): Ein Lernort für Groß und Klein. In: Betrifft KINDER, 5. Jg., H. 03-04/2008, S. 42-45.

Ramseger, Jörg (2008): »Richtig« lesen lernen erst in der Grundschule? Wie moderne Kindergärten grundschulpädagogische Gewissheiten in Frage stellen. In: Die Grundschulzeitschrift, 22. Jg., H. 211, 2008, S. 15-18.

2007

Damit Kinder beflügelt werden. In: Trierischer Volksfreund vom 14.11.2007.

Gezielt fördern, um hervorragend zu werden. In: Trierischer Volksfreund vom 11.10.2007.

Sandra Piper u.a. (2007): ponte: Kindergärten und Grundschulen auf neuen Wegen. In: inform 3/2007 hrsg. vom Landschaftsverband Rheinland (LVR), Dezernat Schulen, Jugend/Landesjugendamt. URL: HYPERLINK »http://www.jugend.lvr.de« www.jugend.lvr.de

Lokale Bündnisse für frühe Bildung. In: Trierischer Volksfreund vom 06.06.2007.

Mit dem Wasser lernen. In: Lausitzer Rundschau vom 19.05.2007.

Leben in der Ritterburg. Mittelalter im Lübbenauer Jenaplanhaus. In: Lausitzer Rundschau vom 14.05. 2007.

1400 Brücken-Kinder in Cottbus. Immer mehr Kitas und Grundschulen schließen sich Kooperationsmodell an. In: Cottbuser Rundschau vom 19.01.2007.

Hildebrandt, Frauke (2007): ponte – Kindergärten und Grundschulen auf neuen Wegen. In: Kitadebatte. 5. Jg., H. 1/2007, S. 92-95.

2006

Brücken schlagen. In: Trierischer Volksfreund vom 01.12.2006.

Eine Brücke schlagen, den Übergang zwischen Kita und Grundschule erleichtern. In: Bildung PLUS 04.09.2006, www.forumbildung.de.

Mit Euphorie in neuer Aufgabe. In: Märkische Oderzeitung vom 30.08.2006.

Gemischte Altersgruppen in Kitas und Schulen. Workshop für Lehrer und Erzieher im Lübbener Jenaplanhaus. In: Lausitzer Rundschau vom 20.03.2006.

Tandem-Projekt mit Kita und Schule jetzt auch in Sachsen. Kooperationsmodell startete in Südbrandenburg. In: Lausitzer Rundschau vom 13.6.2006.

Zeit für etwas Neues. Kitas und Grundschulen in der Region öffnen sich gemeinsam moderner Pädagogik. In: Lausitzer Rundschau vom 12.06.2006.

Scheck am Kindertag. In: Lausitzer Rundschau vom 03.6.2006.

Berthold, Erika (2006): Tacheles reden, Kindergärten und Grundschulen auf neuen Wegen: Das Projekt ponte. In: Betrifft KINDER, 3. Jg., H. 03-04, S. 6-11.

Mehr Augenmerk auf Entwicklung. Ponte-Workshop mit 60 Pädagogen in Guben. In: Lausitzer Rundschau vom 23.01.2006.

2004

Spree-Neiße Brücke zwischen Kita und Schule. In: Lausitzer Rundschau vom 22.11.2004.

Bildungsbrückenschlag vom Kindergarten zur Grundschule. Pilotprojekt will in der Lausitz Lernkulturen zusammen bringen. In: Lausitzer Rundschau vom 20.11.2004.

Cottbusser Projekt schlägt Brücke zwischen Kita und Schule. In: Lausitzer Rundschau vom 04.11.2004.

Hochzeit von Kindergarten und Grundschule oder Eine pädagogische Bewegung namens ponte. Interview mit Prof. Dr. Jürgen Zimmer In: Betrifft KINDER (2004), 1. Jg., H. 5.

Finnische Verhältnisse und ein Zwerghuhn zum Knuddeln. In: Lausitzer Rundschau vom 02.07.2004.

Materialien zu ponte

Alle Materialien sind digital unter www.ponte-info.de abrufbar bzw. unter www.dkjs.de in gedruckter Form bestellbar.

Haag, Christian; Honig, Micheal-Sebastian; Kreid, Bianca (2008): Arbeitspapier II-25. Dokumentation zum Dritten Regionalen Workshop »Naturwissenschaftliche Bildung in Kita und Grundschule«. Trier.

Bollig, Sabine; Honig, Michael-Sebastian; Kreid, Bianca (2008): Arbeitspapier II – 23. Dokumentation zum Zweiten Regionalen Workshop »Zusammenarbeit mit Eltern«. Trier.

Bollig, Sabine; Honig, Michael-Sebastian; Kreid, Bianca (2007): Arbeitspapier II -21. Dokumentation zum Ersten Regionalen Workshop. Trier.

Deutsche Kinder- und Jugendstiftung und Internationale Akademie für innovative Pädagogik, Psychologie und Ökonomie an der Freien Universität Berlin: Bildungsqualität von Anfang an (2007): Berichte und Erfahrungen aus dem Programm ponte. Berlin.

ponte-Tipps (2006): Tipps für einen guten Übergang vom Kindergarten in die Grundschule. Erfahrungen aus der Pilotphase von ponte.

ponte-Kurzskizze des Projektes (2005).

Konzept: ponte – Kindergärten und Grundschulen auf neuen Wegen (2004), Teil I: Konzeption für ein Forschungs- und Entwicklungsprojekt.

Konzept: ponte – Kindergärten und Grundschulen auf neuen Wegen (2004), Teil II: Ergänzende Materialien.

Links

Weitere Informationen zu den Themen frühe Bildung und Kooperation von Kindergarten und Grundschule unter folgenden Links:

www.ponte-info.de

www.dji.de

www.transkigs.de

www.foermig-hh.de

www.bertelsmann-stiftung.de

www.bosch-stiftung.de

www.mckinsey-bildet.de

www.familienhandbuch.de

www.grundschulverband.de

Programmpartner

ponte ist ein gemeinsames Programm der Deutschen Kinder- und Jugendstiftung und der Internationalen Akademie für innovative Pädagogik, Psychologie und Ökonomie an der Freien Universität Berlin – INA gGmbH. Durch die Unterstützung der Deutsche Bank Stiftung und der Nikolaus Koch Stiftung, der Stiftung Lausitzer Braunkohle sowie der Bildungsadministrationen der beteiligten Bundesländer konnten am Programm insgesamt 74 Einrichtungen teilhaben. Dafür gilt allen Partnern unser herzlicher Dank!

deutsche kinder- und jugendstiftung

INTERNATIONALE AKADEMIE
an der Freien Universität Berlin

Freie Universität Berlin

Deutsche Bank Stiftung

LAND BRANDENBURG

Berlin
Senatsverwaltung für Bildung, Wissenschaft und Forschung

Nikolaus Koch Stiftung

VATTENFALL

Freistaat Sachsen

Universität Trier